Barcelona ist eine Perle des Jugendstils, geprägt von Bauten Antoni Gaudís

Lebensfreude unter südlicher Sonne – wer könnte diesem Lächeln widerstehen?

Inhalt

Dalís dachbekrönende Eier machen aus jeder Fischerhütte etwas Besonderes

Grandiose Architektur, wie hier in Peralada, findet sich zuhauf entlang der Küsten

Costa Brava
und Costa Daurada

Von Elke Homburg und Thomas Staender

Inhalt

*Grüne Wälder, blaues Wasser, heller Sand –
begehrte Sommerfrische in Tamariú*

Dies und Das

Vor den Toren von Pals nimmt man sich Zeit für ein Schwätzchen

Costa Brava und Costa Daurada aktuell A bis Z

Die Muse Euterpe als ungekrönte Herrscherin am Palau de la Musica Catalana

Sprachführer

Costa Brava und Costa Daurada –
Katalonien und seine berühmten Küsten

Urlaub in Katalonien? Obwohl jährlich mehr als 15 Mio. Menschen die spanische Region besuchen, ist sie touristisch eine unbekannte Größe geblieben – im Gegensatz zu ihren Stränden! Zu Recht sind die Katalanen stolz auf 580 km Mittelmeerküste – im Norden zieht sich die felsige **Costa Brava**, die ›wilde Küste‹, von der französischen Grenze bis nach Blanes hin, im Süden lockt die **Costa Daurada**, die ›Goldküste‹, mit breiten und feinsandigen Stränden. Dazwischen liegt **Barcelona**, die katalanische Hauptstadt, die sich in den letzten Jahren zu einer der aufregendsten Metropolen Europas entwickelt hat. Das Hinterland allerdings wartet noch auf seine Entdeckung.

Katalonien ist nicht Spanien

Die Region im äußersten Nordosten Spaniens umfasst knapp 32 000 km², ist damit ungefähr so groß wie Belgien, und wird von rund 6 Mio. Menschen bewohnt. Katalonien ist heute eine der 17 Autonomen Regionen innerhalb des Königreichs Spanien. Seine kulturelle Eigenständigkeit wurde 1979 mit einem Autonomiestatut gewürdigt, in dem den Katalanen das Recht auf eine eigene Landesregierung, die *Generalitat*, zugestanden wurde. **Català**, die katalanische Sprache, ist seither neben *Castellano* (Kastilisch bzw. Spanisch) offizielle Landessprache. Das war nicht immer so. Bis zum Tod des Diktators Francisco Franco 1975 durfte die romanische Sprache, die große Ähnlichkeit mit dem Provencalischen jenseits der Pyrenäen hat, nicht auf der Straße gesprochen werden. Heute hat sich dieses Extrem ins Gegenteil verkehrt: Zwar wird man dem spanisch sprechenden Touristen gern in *Castellano* antworten, aber über 2 Mio. Fremdarbeiter haben keinerlei wirtschaftliche Aufstiegschancen, wenn sie des Katalanischen nicht mächtig sind.

Regionalstolz und Unterdrückung

Diese ›neue Arroganz‹ lässt sich nur aus einer Geschichte der jahrhundertelangen

Oben: *Gelb-rot – katalanische Farben trägt sogar die Gardia Urbana*

Rechts oben: *Felsenküste bei Girona*

Rechts: *Parc Güell hoch über Barcelona*

Unterdrückung verstehen. Als im Mittelalter der Süden Spaniens noch unter maurischer Herrschaft stand, waren die Katalanen bereits eine stolze Seefahrernation und beherrschten neben Venedig und Genua das Mittelmeer. Durch die Heirat Isabellas von Kastilien mit Ferdinand von Aragón 1469 verlagerte sich das Machtzentrum nach Kastilien, und für ein starkes Katalonien war kein Platz mehr. Zugunsten Sevillas wurde es sogar vom Handel mit der Neuen Welt ausgeschlossen.

Diese Schmach blieb unvergessen. Nach wie vor rivalisieren das kastillische Madrid und das katalanische Barcelona, versuchen, sich gegenseitig zu überbieten. Zweimal im Jahr entladen sich die Emotionen in einer Schlacht – gottlob nur auf dem **Fußballfeld**. Die Duelle

zwischen den berühmtesten spanischen Fußballclubs, *Real Madrid* und *FC Barcelona*, sind jedes Jahr aufs Neue ein Medienereignis, und wenn es ›Barca‹ gelingt, die Meisterehre nach Katalonien zu holen, verwandeln sich die Straßen dort in ein Meer rot-blauer Vereinsfahnen.

Seit Phillip II. 1571 Madrid zur spanischen Hauptstadt erklärte, konzentrierte sich die politische Macht im trockenen Landesinneren. Mit Barcelona ging es erst ab dem 19. Jh., dem Zeitalter der Industrialisierung, wirtschaftlich wieder bergauf. Der Aufschwung ließ die **Renaixença** folgen, eine Renaissance katalanischer Kultur. Seit dieser Zeit zeigte Katalonien wieder Selbstbewusstsein und demonstrierte Weltoffenheit. Barcelona gab sich ein neues Gesicht. Die europäische Strömung des Jugendstil konnte auf spanischem Boden nur in Katalonien, in einer sehr eigenen Variante, dem **Modernisme**, Fuß fassen. Der katalanische Architekt Antoni Gaudí erlangte Weltruhm, und bahnbrechende Erneuerer der Malerei im 20. Jh. wie Salvador Dalí, Joan Miró oder Antonio Tàpies waren Katalanen. In der Musikwelt hielten und halten der begnadete Cellist Pau (span. Pablo) Casals und die Opernstars Montserrat Caballé, die im Duett mit Freddie Mercury die Hymne für Olympia 1992 zum Hit machte, sowie José Carreras die Flagge Kataloniens aufrecht. Überhaupt – seit Barcelona

Links oben: *An den Buchten bei Calella de Palafrugell kennt man seine Nachbarn*

Links: *Fußballbegeisterung auf katalanisch*

Rechts oben: *Ob winzig oder monumental, Joan Miròs Werk, hier in seiner Fundació in Barcelona, ist offen für Interpretation*

Rechts: *Für die Ostfassade der Sagrada Familia wurde jeder Stein von Hand geformt*

1992 die 25. Olympischen Spiele der Neuzeit ausrichtete, weiß die Welt wieder, wo Katalonien liegt.

Tourismus – Sünden und Chancen

Die Kunde von der *wilden Küste,* der Costa Brava, und ihr Versprechen von Sonne, Meer und **mediterranem Lebensgefühl** ließ die Nordeuropäer ab den späten 50er-Jahren des 20. Jh. nach Katalonien strömen. Wie oft hatten Künstler die Vorhut gebildet, die von der **Schönheit der Küste**, ihrem magischen Licht, den schroffen Felsbuchten und der reichen Vegetation schwärmten. Doch dann lautete die Devise ›Masse statt Klasse‹. Schnell und billig wurden die ersten **Hotelanlagen** hochgezogen. Sie brachten zwar harte Währung, zerstörten aber auch die Landschaft. Doch das fiel erst auf, als es an manchen Orten schon (fast) zu spät war. Die seelenlosen Urlaubsbun-

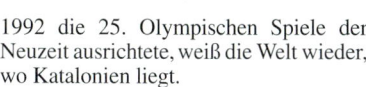

ker in Lloret de Mar oder Platja d'Aro, im Sommer aufgebläht zu wahren Großstädten mit lauten Diskotheken und Fast-Food-Läden, wirken im Winter wie Geisterstädte. Doch gibt es immer noch die ›andere‹ Costa Brava, denn glücklicherweise widersetzte sich die felsige Küste der totalen Verbauung. So blieb manch **verschwiegene Bucht** unversehrt, und noch gibt es Urlaubsorte, in denen der Tourismus neben traditionellen Erwerbszweigen seinen Platz gefunden hat.

Die Küstenlinie der Costa Daurada ist von anderem Charakter. *Daurada*, **vergoldet**, erscheinen im Sonnenlicht die langen, breiten und feinsandigen Strände, die sich von Calafell bis zum Ebro-Delta ziehen. Wo keine Felsen Einhalt geboten, konnte man hier, anders als im Norden, planlos bauen, und manch kleiner Fischerort wurde zur Unkenntlichkeit verschandelt. Dennoch haben sich Nischen erhalten, wie z. B. in Calafell. Und im kontrastreichen Landesinneren zwischen Pyrenäen, Mittelmeerküste und Ebro-Delta, erstreckt sich ein touristisch fast jungfräuliches Hinterland, Grundlage für ein neues Image. Jetzt ist es Zeit für eine **zweite Entdeckung** der katalanischen Küsten.

Land der Kontraste

Alter und Würde, Lebensfreude und Trendbewusstsein – in Katalonien sind das keine Gegensätze. In den **Provinzhauptstädten** Barcelona, Girona und Tarragona gibt es zwischen römischen Mauern und mittelalterlichen Palästen, den Jugendstilfantasien Antoni Gaudís und den Tempeln modernen Designs viel zu entdecken. Entlang der **Rambles**, der herrlichen platanengesäumten Flaniermeilen, lässt sich das Alltagsleben studieren. Nicht ganz so leicht zu finden ist der Weg zu den frühzeitlichen Dolmen, zu den kleinen romanischen Kirchen am Pyrenäenrand oder den mächtigen **Klöstern** von Poblet und Santes Creus, aber der Aufwand wird reich belohnt.

Auch die **landschaftliche Vielfalt** Kataloniens beeindruckt. Die Spannbreite reicht vom *Hochgebirge* der Pyrenäen bis zum *Delta des Ebro* mit seinem Geflecht von Gärten und Reisfeldern. Dazwischen liegen die Bergstöcke des

Katalanischen Gebirges, geformt von Wind und Wetter zu Gebilden, die kein Künstler fantasievoller hätte entwerfen können, sanfte Hügellandschaften und fruchtbare Ebenen.

Seny und Rauxa

Geschäftigkeit und Kopflastigkeit werfen die meist andalusischen Zuwanderer den Katalanen vor. Den Besucher aus dem kühlen Norden dagegen begeistert die südländische Lebensfreude.

Letztendlich ist es wohl ein ausgewogenes Verhältnis zwischen **Seny**, der Logik, dem gesunden Menschenverstand, und **Rauxa**, dem Überschwang, das dafür sorgt, dass Geschäftssinn und Lebenslust im Lot bleiben. Schließlich lebt man nicht, um zu arbeiten, sondern arbeitet, um es sich gut gehen zu lassen. Geschäfte macht man deshalb am besten bei einem guten Essen. Apropos Küche, die katalanische Küche, an sich deftig und bäuerlich, bezog ihren Esprit aus Frankreich wie im übrigen auch die Methode zur Schaumweinherstellung. Der **katalanische Sekt**, der *Cava*, ist wohlschmeckend, spritzig und zudem noch ein Verkaufsschlager – wer wagt da noch zu behaupten, dass Geschäftssinn und Lebensfreude Gegensätze seien.

Der Reiseführer

Der vorliegende Band stellt Costa Brava, Costa Daurada und Barcelona in **fünf Kapiteln** vor. Auf Höhepunkte bei Sehenswürdigkeiten, Hotels, Restaurants, Stränden etc. verweisen die **Top Tipps**. Den durchnummerierten Besichtigungspunkten sind **Praktische Hinweise** mit nützlichen Adressen angegliedert. **Über-**

sichtskarten und detaillierte **Stadtpläne** erleichtern die Orientierung. **Costa Brava und Costa Daurada aktuell A bis Z** informiert u. a. über Anreise, Essen und Trinken, Einkaufen, Kunst und Kultur, Unterkunft und Verkehrsmittel. Ein umfassender **Sprachführer** ist ebenfalls enthalten. Farblich abgesetzte **Kurzessays** zu regionalspezifischen Themen runden den Reiseführer ab.

Links oben: *Hochnebel steigen in der zauberhaften Sierra de Montserrat*

Links unten: *Blaue Stunde in Palamós*

Oben: *Ausdrucksstarker Kapitellschmuck ist ein Kennzeichen der Romanik*

Unten: *Um diese Fischsuppe auszulöffeln, braucht man schon guten Appetit*

ca. 2500 v. Chr. Dolmen und Grabstätten wie in Mas Beleta weisen auf eine Megalithkultur hin.

ab 7. Jh. Von Südspanien dehnt sich iberische Kultur und Zivilisation bis in die Region zwischen dem Ebro und den Pyrenäen aus. Phönizier pflegen rege Handelskontakte zur nördlichen Mittelmeerküste.

um 600 Ullastret wird zu einer der bedeutendsten iberischen Siedlungen. Griechische Händler gründen nahe dem heutigen L'Escala die Stadt Emporion (Empúries). Wachsender Einfluss der Karthager, die sich phönizische und griechische Handelsplätze an der iberischen Mittelmeerküste aneignen.

ab 400 Rom dehnt seinen Einflussbereich auf das heutige Nordspanien aus.

218–201 Im 2. Punischen Krieg zwischen Rom und Karthago siegen die Römer. Sie nehmen Gades in Besitz und machen Tarraco (Tarragona) zur Hauptstadt ihrer neuen Provinz Hispania Citerior.

um Christi Geburt Ganz Iberien steht unter römischer Herrschaft, es folgt eine tiefgreifende Romanisierung.

ab 409 n. Chr. Germanen wandern von Nordosten auf die iberische Halbinsel ein. Der westgotische Stamm der Alanen erobert das Gebiet des heutigen Katalonien.

ab 475 Franken verdrängen die Westgoten von der östlichen iberischen Mittelmeerküste. Die Goten weichen ins Landesinnere aus und erobern innerhalb weniger Jahre Hispania Romana, das ›römische Spanien‹.

579 Toledo wird Hauptstadt des westgotischen Reiches, das ab 587 den römisch-katholischen Glauben zur Staatsreligion erklärt. Weitgehender Zerfall der römischen Kultur.

711 Der arabische Heerführer Tariq besiegt die Truppen des westgotischen Königs Roderich in Andalusien. Sein Eroberungszug bringt fast die gesamte Halbinsel unter maurische Herrschaft.

ab 722 Der maurische Siegeszug stößt auf Widerstand und endet in Tarraconensis (Tarragona). Beginn der christlichen Rückeroberung (Reconquista) von Nordspanien und den Pyrenäen aus.

785 Karl der Große erobert Girona. Zehn Jahre später verleibt er den Norden der iberischen Halbinsel als Marca Hispanica (Spanische Mark) seinem Fränkischen Reich ein.

801 Ludwig der Fromme, Sohn Karls des Großen, gewinnt Barcelona von den Arabern zurück.

875–895 Zusammenführung mehrerer katalanischer Grafschaften durch den Franken Guifré el Pilós (Wilfried der Behaarte), der 877 Graf von Barcelona und Girona wird.

988 Graf Borell II. vereint das Haus von Barcelona mit den restlichen katalonischen Grafschaften und wird vom Frankenreich unabhängig. Das neue Reich wird Catalunya genannt, die Bedeutung des Namens ist ungeklärt.

1137 Der Graf von Barcelona, Ramón Berenguer IV., lässt die Usatges (wört-

Karl der Große begann im 8. Jh. die Rückeroberung des christlichen Abendlandes

lich: Gewohnheit) niederschreiben, die erste katalanische Gesetzessammlung. Die Heirat von Graf Ramón mit der Infantin Petronila von Aragón begründet das Königreich Aragón-Katalonien.

1162 Adel und Klerus rufen in Barcelona als Interessensvertretung die katalanische Ständeversammlung Corts Catalanes ins Leben. 30 Jahre später nehmen erstmals Angehörige des Bürgertums an den Corts teil.

1229–45 Jaume I. der Eroberer, König von Aragón-Katalonien, unterwirft die Balearen und das Königreich Valencia.

ab 1282 Pere II. von Aragón-Katalonien erobert Sizilien und Neapel. Sein Reich entwickelt sich neben Venedig, Pisa und Genua zu einer der stärksten Handelsmächte im Mittelmeerraum, die Hafenstädte Barcelona und Tarragona blühen auf.

Für die Katholischen Könige entdeckte Christoph Kolumbus eine Neue Welt

1289 Die katalanischen Stände gründen die Generalitat de Catalunya, um ihre Privilegien gegenüber der Krone von Aragón-Katalonien zu verteidigen.

1410 Mit dem Tod von Martin I. dem Humanen endet die Dynastie des Hauses von Barcelona im Königreich Aragón-Katalonien. Nachfolger wird das aragonische Haus Trastámara, womit katalanische Interessen in den Hintergrund treten.

1469 Ferdinand von Aragón heiratet Königin Isabella I. von Kastilien. Dadurch entsteht das Königreich Spanien, die Krone von Aragón-Katalonien fällt an Kastilien.

1492 Der Fall Granadas beendet die fast 800-jährige Geschichte arabischer Kultur in Spanien. Die Katholischen Könige Isabella und Ferdinand weisen alle Juden aus ihrem Reich aus, die sich nicht zum christlichen Glauben bekehren.

1493 Nach der Rückkehr von seiner ersten Amerikareise wird Christoph Kolumbus von den Katholischen Königen in Barcelona empfangen. Nach der Entdeckung der Neuen Welt verlagert sich der spanische Seehandel vom Mittelmeer an den Atlantik nach Cádiz und Sevilla. Katalonien wird für fast 300 Jahre vom Überseehandel ausgeschlossen und so wirtschaftlich isoliert.

1516 Tod Ferdinands von Kastilien. Mit seinem Enkel Carlos I., Herzog von Burgund, kommen die Habsburger auf den spanischen Thron.

1519 Carlos I. wird als Karl V. zum Kaiser des Heiligen Römischen Reiches Deutscher Nation gekrönt. Er besucht im selben Jahr Barcelona, um die Usatges anzuerkennen.

1588 Die englische Flotte besiegt die spanische Armada. In der Folgezeit erlebt Spanien einen raschen politischen wie wirtschaftlichen Niedergang.

1641–51 Felipe IV. regiert zentralistisch in Madrid, sein Minister Graf von Olivares unterdrückt das katalanische Volk. Es reagiert mit Unruhen und Erhebungen, die mit Waffengewalt niedergeschlagen werden.

1701–14 Im Spanischen Erbfolgekrieg sympathisiert Katalonien zunächst mit dem Bourbonen Felipe V. (Philip d'Anjou), unterstützt dann aber den späteren Verlierer, den Habsburger Erzherzog Karl von Österreich.

11. September 1714 Nach dreimonatiger Belagerung Barcelonas durch die Truppen Felipes V. ergibt sich die schwer zerstörte Stadt. Der Tag der Kapitulation wird zum katalanischen Nationalfeiertag. Felipe V. hebt die Usatges auf und entlässt die Generalitat. Spanisch wird Amtssprache.

1741 Unter den Bourbonen blühen Wirtschaft und Handel in Spanien auf. In Barcelona eröffnet die erste Textilfabrik.

1778 Ein Erlass von Carlos III. ermöglicht Katalonien den Zugang zum Amerika-Handel, durch den die katalanische Wirtschaft sehr bald eine Spitzenposition im Lande einnimmt.

1788 Manuel de Godoy, Minister König Carlos IV., paktiert mit dem Nachbarland Frankreich. Nach einem Volksaufstand gegen Godoy marschiert Napoleon I. Bonaparte in Spanien ein. Seine Truppen besetzen u.a. Barcelona.

1808–14 Im Unabhängigkeitskrieg erheben sich die Spanier gegen Napoleon und siegen mit englischer Hilfe.

1812 Eine gesetzgebende Versammlung beschließt in Cádiz die erste spanische Verfassung.

1814 Mit Ferdinand VII. kehrt die Monarchie auf die iberische Halbinsel zurück. Der König regiert absolutistisch und erklärt die liberale Verfassung von 1812 für ungültig.

Mitte 19. Jh. Erwachender katalanischer Nationalismus führt zur sog. Renaixença (wörtlich: Wiedergeburt), einer Rückbesinnung auf eigene Geschichte und Kultur.

1848 Eröffnung der ersten Eisenbahnlinie Spaniens: Barcelona–Mataró.

Noch kurz vor Francos Tod im November 1975 nehmen er und sein designierter Nachfolger Juan Carlos eine Militärparade ab

26. Juni 1852 In Barcelona wird Antoni Gaudí i Cornet geboren, der als Architekt zum bedeutendsten Vertreter des spanischen Jugendstils werden wird.

1873 Landesweite Aufstände republikanisch gesonnener Bürger führen zur Ausrufung der 1. Spanischen Republik unter Emilio de Castelar, die jedoch nur bis 1874 besteht. In Katalonien scheitert der Reformer Pi i Margall mit seiner von föderalistischen Ideen geprägten Politik.

1888 Erstmals findet die Weltausstellung in Barcelona statt.

1891 Antoni Gaudí übernimmt in Barcelona die Arbeiten an der Kirche Sagrada Familia. Sie beschäftigen ihn bis zu seinem Tod 1926.

20. April 1893 Joan Miró wird in Barcelona geboren.

Der Palau Nacional entstand für die erste Weltausstellung in Barcelona 1888

um 1900 Eine Welle von Arbeiterprotesten erschüttert die Industriestadt Barcelona, die als europäische Hochburg der Gewerkschaften (Sindicatos) sowie sozialistischer und anarchistischer Arbeiterbewegungen gilt.

11. Mai 1904 Salvador Dalí erblickt in Figueres das Licht der Welt.

1914 Barcelona, Girona, Lleida und Tarragona bilden die sog. Mancomunitat Catalana. Bis zu seiner Auflösung 1925 verfolgt der Zusammenschluss politisch das Ziel einer gemeinsamen Teilautonomie innerhalb Spaniens.

1923 König Alfonso XIII. übergibt die Macht an General Primo de Rivera. Dieser errichtet eine Militärdiktatur (1923 – 1930) und bekämpft alle unabhängigen Kräfte Kataloniens.

1929 Zweite Weltausstellung in Barcelona auf dem Montjuïc.

1931 Aus den Kommunalwahlen gehen die Republikaner als Sieger hervor, Primo de Rivera muss abdanken. Eine liberale Verfassung legt den Grundstein für die 2. Spanische Republik.

1936 – 39 Spanischer Bürgerkrieg. Am 26. Januar 1939 marschieren Truppen des faschistischen Generals Francisco Franco y Bahamonde in das republikanische Barcelona ein. Spanien wird für 36 Jahre zu einem diktatorischen Staat.

1939 – 75 Während der Diktatur Francos wird katalanische Kultur und Sprache systematisch unterdrückt.

1939 – 45 Spanien bleibt im Zweiten Weltkrieg – wie zuvor schon im Ersten – offiziell neutral.

1. April 1947 Franco stimmt einem Referendum zu, das Spanien formal zur Monarchie erklärt. Erst 1969 ernennt der Diktator den Bourbonen Juan Carlos, Enkel Alfonsos XIII., zum Thronfolger und damit sozusagen zu seinem Erben.

1975 Tod Francisco Francos. Juan Carlos I. de Bourbon wird spanischer König und leitet zusammen mit dem von ihm ernannten Ministerpräsidenten Adolfo Suárez González eine rasche Demokratisierung des Landes ein.

1977 Erste freie Wahlen zum spanischen Parlament. Die Generalitat de Catalunya kehrt als Regionalparlament ins Amt zurück.

29. Dezember 1978 Die neue Verfassung tritt in Kraft, Spanien wird parlamentarische Erbmonarchie.

1979 Katalonien und das Baskenland erhalten offiziell Autonomiestatus, was beiden Regionen begrenzte Selbstverwaltung ermöglicht.

1982 Spanien tritt der NATO bei.

1986 Spanien wird Mitglied der Europäischen Gemeinschaft.

1988 1000-Jahr-Feier Kataloniens.

1992 Die 25. Olympischen Sommerspiele werden in Barcelona und an der Costa Brava ausgetragen.

4. Oktober 1997 Die spanische Infantin Cristina heiratet in der Kathedrale von Barcelona den baskischen Handballprofi Iñaki Urdangarin.

1999 Feierliche Wiedereröffnung des renommierten, nach einem Brand von Grund auf restaurierten Theaters Liceu in Barcelona.

2002 Nach neuerlichen Terroranschlägen der baskischen Separatistenorganisation ETA verbietet die spanische Regierung die Batasuna-Partei, die als politischer Arm der ETA gilt.

Spanische Traumhochzeit: 1997 geben sich die Prinzessin und der Sportler das Jawort

Nördliche Costa Brava – kühne Küste, karges Land

Costa Brava bedeutet *wilde Küste*, und der Name entspricht dem Charakter dieser Mittelmeerküste im Nordosten Spaniens. 214 km lang, reicht sie von Portbou im Norden bis Blanes an der Grenze zur Provinz Barcelona im Süden, das Mündungsgebiet des Flusses Ter teilt sie in eine nördliche und eine südliche Hälfte. Den Begriff Costa Brava prägte übrigens der katalanische Schriftsteller **Ferran Argullo**, dessen Namensschöpfung 1908 als geografische Bezeichnung eingeführt wurde. Zerklüftet ist das Relief der felsigen Costa Brava, als beschütze sie wie ein mächtiger Schild das Landesinnere vor den Kräften der Natur. *Garbí*, *Levante*, *Mediodia* und *Tramuntana* heißen die Winde, die im Sommer Kühle und im Winter Kälte bringen. Gemeinsam mit der Meeresbrandung formten sie über Jahrmillionen die felsigen Ufer und gruben zahlreiche Buchten ein.

Diese mit Naturschönheiten und gemäßigtem Klima gesegnete Küste hat zwei Gesichter. Das eine ist **rau** und **zerfurcht**, wirkt unnahbar. Die Steilküste im Norden um das *Cap de Creus* ist wild und windumtost, hier fühlt man sich den ungezähmten Elementen nahe. Gesäumt von schroffen Klippen, behütet sie ihre verborgenen, oft nur vom Wasser aus zugänglichen Buchten wie ein Geheimnis. Die andere Seite zeigt **sanfte, weiche Züge**, lockt zwischen El Port de la Selva und L'Estartit an kleine, weiße Strände oder bietet, etwa im Golf von Roses, geschützte Häfen.

In beiden Erscheinungsformen übt die Costa Brava eine geradezu magische Anziehungskraft aus, der Besucher bis heute erliegen. Entrückt vom **Zauber des Lichtes**, begeistert von der Mittelmeerflora, dem angenehmen Klima und wohl auch der guten Küche kamen im 19. und 20. Jh. Maler und Schriftsteller. Sie waren Touristen der frühen Stunde, suchten etwa in Cadaqués oder Port Lligat die Nähe zu Salvador Dalí, dem berühmten Sohn von Figueres.

Das Hinterland der nördlichen Costa Brava nimmt die Gebiete Alt Empordà sowie große Teile der Baix Empordà ein und geht in die Ausläufer der Pyrenäen über. Die **Empordà** verwöhnt mit dem ländlichen Charme des bäuerlichen Lebens und einem **kulturellen Reichtum**, der kosmopolitischer nicht sein könnte. Die ersten Siedler waren Iberer, Phönizier, Karthager, Griechen und Römer. Sie schätzten die wirtschaftlichen Möglichkeiten und günstigen Lebensbedingungen in den fruchtbaren Tälern zwischen dem Hochland der Pyrenäen und den Schwemmlandgebieten der Küsten. Die archäologische Stätte von Empúries etwa macht die große Geschichte der 600-jährigen römischen Periode greifbar und lebendig.

Wie die in den Hügeln und Ebenen entlang der Costa Brava eingebetteten Dörfer liegen in dieser Region auch außergewöhnliche **Kunstschätze** verstreut. Die reichen Zeugnisse romanischer Baukunst finden im ehem. Benediktinerkloster von Sant Pere de Rodes einen kraftvollen künstlerischen Höhepunkt. Mittelalterliche Orte wie Besalú oder Castello d'Empúries und die pastoralen Landstriche der Weinbauregion L'Albera vervollständigen das Erscheinungsbild dieser alten Kulturlandschaft. Hinweise auf bereits sehr frühe Besiedelung geben Magelithen wie beispielsweise in Mas Beleta. Auch **Naturliebhaber** kommen nicht zu kurz. Sie zieht es z.B. in den *Parc Natural Aiguamolls* oder zu den Tauch- und Schnorchelrevieren der Illes Medes vor L'Estartit.

Vorhergehende Doppelseite: *Seit den Zeiten Dalís hat sich die Atmosphäre im hübschen Cadaqués kaum verändert*

1 Figueres

*Brote an der Wand, Eier auf dem Dach –
Dalís surrealistische Kapriolen.*

Als die Westgoten im 4. Jh. den römischen Ort *Juncaria* eroberten, benannten sie ihn in *Ficaris* um. Im frühen Mittelalter gehörte er zum Machtbereich der Grafen von Besalú, denen es gar nicht gefiel, dass König Jaume I. Figueres 1267 **Stadtrechte** verlieh. Damit wurde der Ort selbstständig, woraufhin Graf Hugo IV. von Besalú ihn 1274 fast vollständig niederbrennen ließ. Der Wiederaufbau ging nur langsam voran. Erst im 18. Jh. war Figueres wieder zu einem nennenswerten Städtchen herangewachsen, das durch Getreide- und Weinanbau einigen Wohlstand erlangte. Als Bollwerk gegen das benachbarte Frankreich wurde 1743 im Nordwesten das sternförmige **Castell de Sant Ferran** mit seiner rund 5 km langen Umfassungsmauer errichtet.

Heute ist Figueres (35 000 Einw.) **Hauptstadt** der Provinz Alt Empordà und wirtschafliches Zentrum der Region. Zudem nutzen zahlreiche Tagesbesucher aus Frankreich die günstigen Einkaufsmöglichkeiten und decken sich in dem Grenzort mit Kleidung und Lebensmitteln ein. Das historische Stadtbild ist geprägt von stattlichen großbürgerlichen Wohnhäusern aus dem 17.–19. Jh. Im Zentrum liegt die von Platanen gesäumte **Rambla**, ein kleiner länglicher Platz, um den sich Jugendstil-Gebäude reihen. Im Haus Nr. 10, dem *Hôtel Paris*, wurde 1982 das **Museu del Joguet** (Juli–Sept. Mo–So 10–13 und 16–19, So/Fei 11–13.30 und 17–19.30 Uhr, Okt.–Juni Mo geschl.) eingerichtet. Das Spielzeugmuseum zeigt mehr als 4000 Objekte, von Holzreifen und Schaukelpferden über Puppenstuben bis zu Dampfloks.

Ein Teil der Ausstellungsstücke ist aber im ebenfalls an der Rambla, im Haus Nr. 2, gelegenen **Museu del Empurdán** zu sehen (Di–Sa 11–19, So/Fei 11–14 Uhr). Dieses Heimatmuseum dokumentiert auf drei Etagen die Geschichte von Figueres und der Region anhand von archäologischen Funden. Zur Sammlung gehören auch einige mittelalterliche Gemälde sowie Werke von Salvador Dalí und Joan Miró.

Durch die Carrer de Sant Pere führt der Weg von der Rambla nordwestlich leicht bergan zur nahen **Plaça Gala-Salvador Dalí** mit dem berühmten Museum des Malers.

TOP TIPP Das **Teatre-Museu Dalí** (Okt.–Juni tgl. 10.30–17.45, Einlass bis 17.15 Uhr, Juli–Sept. tgl. 9–19.45, Einlass bis 19.15 Uhr, Internet:

Beifall für Dalí: Im Innenhof seines Teatre-Museu stehen goldfarbene Statuetten Spalier

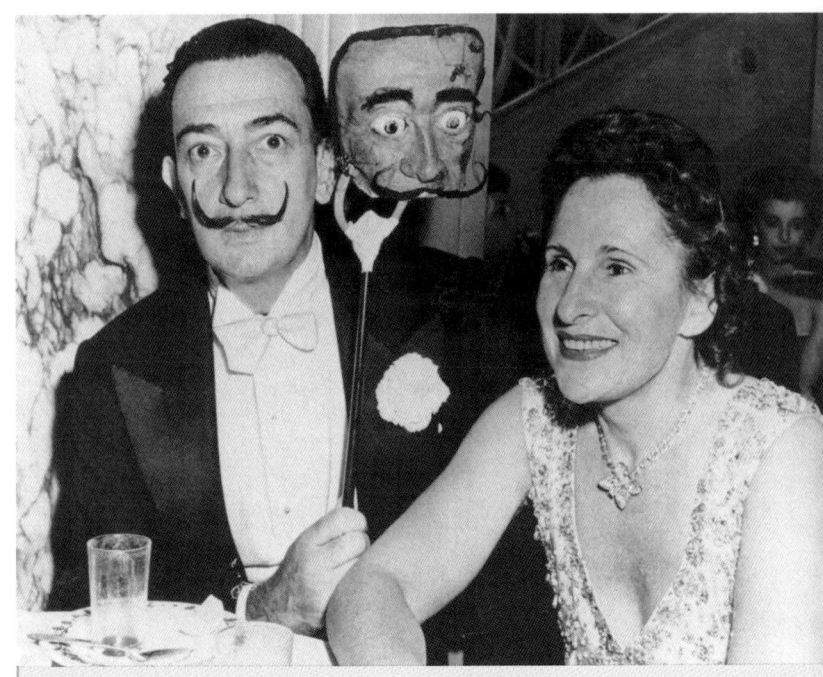

Die Schöne und der Exzentriker – Dalí und Gala beim Knickerbocker-Ball 1952 in New York

Malergenie und Meister der Selbstdarstellung

Wer kennt ihn nicht, den Dandy mit dem gezwirbelten Schnurrbart und dem durchdringenden Blick? Salvador Dalí hat mit der **visionären Kraft** *seines Werkes und mit seiner Persönlichkeit die Geschichte der modernen Kunst um ein bemerkenswertes Kapitel bereichert.*

Das künstlerische Talent des am 11. Mai 1904 in Figueres geborenen Salvador Dalí i Domènec offenbarte sich schon während seiner Schulzeit und wurde durch Zeichenunterricht gefördert. Auch die literarischen Neigungen Dalís deuteten sich bereits mit Veröffentlichungen in der Schülerzeitung an. Im Alter von 18 Jahren ging Dalí an die **Kunstakademie** *in Madrid, wo die Begegnungen mit Luis Buñuel und Federico García Lorca von richtungweisender Bedeutung für den jungen Maler werden sollten. Auch die anschließend in Paris geknüpften Bekanntschaften mit Paul Éluard, Max Ernst und Pablo Picasso übten großen Einfluss auf Dalí aus.*

In den 20er-Jahren des 20. Jh. kam es zur künstlerischen Zusammenarbeit mit Lorca, als Dalí das Bühnenbild zu des-
sen Drama ›Maria Pineda‹ schuf. Gemeinsam mit Buñuel schrieb er die Drehbücher zu den Filmen ›Un chien andalou‹ (1928) und ›L'age d'or‹ (1929), die zwei cineastische Höhepunkte des Surrealismus werden sollten. Im Sommer 1929 besuchten René Magritte, Paul Éluard und dessen Ehefrau Helena Diakonoff Dalí in Cadaqués. Die **Gala** *genannte Frau faszinierte den schwierigen katalanischen Maler, und auch sie war von ihm angezogen, verließ ihren Mann und heiratete Dalí im Oktober 1929. Gala wurde der ruhende Pol in Dalís unruhiger Künstlerseele und seine Muse, immer wieder malte er diese faszinierende Frau. Vielleicht fand er in der künstlerischen Auseinandersetzung mit ihr auch Erlösung von seinen Ängsten und der Hysterie, die ihn heimsuchten.*

Wohl weil sich Dalí vor Versagen, vor Sexualität und vor drohendem Wahnsinn fürchtete, interessierte er sich sehr für die **Freud'sche Psychonanalyse**. *So setzte er beispielsweise seine Träume in surrealistische Malerei um, ab Ende der 20er-Jahre des 20. Jh. entstanden Werke* wie ›Der große Masturbator‹, ›Das Gespenst des Sex-Appeal‹ oder ›Die weichen Uhren‹. Er veröffentlichte auch theoretische Schriften dazu, die er zusammenfassend ›Kritische Methode der Paranoia‹ nannte. Apokalyptische Visionen vom **Faschismus** in Europa wurden in Bildern wie ›Das Rätsel Hitlers‹ und ›Weiche Konstruktion mit gekochten Bohnen‹ verarbeitet. Während des Spanischen Bürgerkrieges lebten Dalí und Gala im Exil in Paris, 1940 emigrierten sie in die USA. Um 1941 wandte sich der Maler zugunsten einer in Formen und Themen traditionelleren – wenngleich nicht konventionellen – Arbeitsweise vom Surrealismus ab. Er widmete sich verstärkt der Portraitmalerei, entwarf daneben Bühnenbilder sowie Schmuck und schrieb auch seine Autobiografie ›Das geheime Leben des Salvador Dalí‹. 1948 kehrten er und Gala nach Spanien zurück. Sie ließen sich im kleinen **Port Lligat** bei Cadaqués nieder, das sich in der Folgezeit zu einem internationalen Künstlertreffpunkt entwickelte.

Ende der 40er-Jahre wandte sich Dalí dem **Katholizismus** zu, was ihn vielen seiner Freunde und Kollegen, etwa André Breton, entfremdete. 1949 entstand ›Die Madonna von Port Lligat‹, ein Bild, das sogar die Billigung des Papstes fand. Daneben interessierte sich der Katalane sehr für **Atomwissenschaft** und hielt Vorträge über die ›Kunst der nuklearen Mystik‹. Es entstanden Bilder wie ›Das Sakrament des letzten Abendmahles‹ (1955) oder ›Die Schlacht von Tetuan und Galacidalacidesoxyribonukleinsäure‹ (1962). Dabei blieb Dalí doch vielseitig: 1974 etwa schuf er das Hologramm ›Der Schäfer und die Sirene‹, 1976 erschien ›Die unaussprechlichen Bekenntnisse des Salvador Dalí‹, ein weiteres autobiografisches Buch.

Nach dem Tod Galas 1982 ließ sich Dalí wieder in Figueres nieder, wo er am 25. Januar 1989 verstarb. Das dort bereits zu seinen Lebzeiten (1974) eingerichtete **Teatre-Museu Dalí** birgt heute zum Großteil das künstlerische Vermächtnis dieses einzigartigen Malers, dessen Gemälde nicht zuletzt seine Verwurzelung mit Landschaft und Natur an der ›wilden Küste‹ seiner Heimat widerspiegeln.

www.salvador-dali.org) hat es in sich – im wahrsten Sinne des Wortes. Dalí und die Gemeindeverwaltung hatten sich schon 1961 darauf geeinigt, das Werk des Künstlers im Rahmen eines Museums zu würdigen. Bereits in jungen Jahren hatte der Maler an einer Ausstellung im damaligen Stadttheater teilgenommen. Das Gebäude wurde während des Spanischen Bürgerkrieges von Francos Truppen weitgehend zerstört und Mitte des 19. Jh. teilweise nach Originalplänen wiederaufgebaut. Dalí bestimmte, dass dieses Theater sein Museum beherbergen sollte, an dessen Konzeption er 13 Jahre lang arbeitete.

Der neu gestaltete und beispielsweise um den *Torre de Galatea* erweiterte Theaterkomplex wurde 1974 eröffnet und trägt auch architektonisch die Handschrift seines Patrons. Die roten Außenwände des Gebäudes sind von gelblichen Brot-Reliefs überzogen, gleich einem Zinnenkranz säumen goldfarbene Statuen mit Baguettes und riesige, mannshohe Eier die Terrassen und das Dach. Angesichts solcher Kuriositäten ist die Neugier geweckt, neben dem Prado in Madrid ist das Teatre-Museu Dalí die meistbesuchte Kunstsammlung Spaniens.

Den wirkungsvollen Auftakt eines Rundganges bildet der schwarze Cadillac Dalís im **Innenhof** des Museums. Auf

Der Torre de Galatea ist ein himbeerfarbener Blickfang in den Straßen von Figueres

Einwurf einer Münze strömt Wasser aus dem Wageninneren. Hinter dem Auto erhebt sich eine riesige weibliche Figur, überragt von einem Pfahl mit übereinandergeschichteten Reifen, der wiederum von einem Schiff bekrönt wird. Im **Inneren** des Gebäudes betritt man zuerst den hufeisenförmigen einstigen Zuschauerraum, der seit 1998 von einer mächtigen geodätischen Glas-Aluminium-Kuppel überspannt wird. Nahe dem Eingang bezeichnet eine schmucklose Bodenplatte ohne Inschrift die Stelle, an der Dalí beigesetzt wurde. Die gesamte Rückwand des Saales nimmt ein abstraktes Porträt Galas ein.

An zwei Seiten dieses zentralen, nach oben hin offenen Theaterraums führen spiralförmige Rampen zu den auf fünf Ebenen angelegten **Ausstellungsräumen** hinauf. Unter den Exponaten sind auch Werke anderer Künstler, etwa von El Greco oder Ernst Fuchs, aus der Privatsammlung Dalís vertreten, die im *Saal der Meisterwerke* gezeigt werden. Im *Palast des Windes*, dem Rauchsalon des alten Theaters, ist das Deckengemälde von der Hand des Meisters bemerkenswert. Es stellt die Himmelfahrt zweier riesiger, menschlicher Gestalten dar, aus deren

Dalís Hommage an die Schauspielerin Mae West, das erste Sexsymbol Hollywoods

Oberkörper sich Schubladen öffnen. Der *Saal Fischmarkt* enthält mehrere bekannte Ölbilder Dalís, u. a. ›Weiches Selbstportrait mit Speck‹. Nicht minder sehenswert sind der *Schatzsaal* mit dem berühmten ›Brotkorb‹ und der *Saal Mae West*, in dem eine Wohnlandschaft so installiert wurde, dass sie sich aus einem bestimmten Blickwinkel als das Gesicht der Schauspielerin darstellt: zwei Bilder etwa werden zu ihren Augen, das Sofa zum Mund.

In einem eigenen Anbau mit separatem Eingang sind die **Dalí-Joies** zu sehen, eine Juwelenausstellung, die u. a. 37 Schmuckstücke der alten Owen Cheatham Sammlung zeigt, die Dalí selbst 1941–70 entworfen hatte.

Praktische Hinweise

Information: Oficina de Turisme, Plaça del Sol, Figueres, Tel. 9 72 50 31 55, Fax 9 72 67 31 66

Hotel

*** **Durán**, Carrer Lasauca 5, Tel. 9 72 50 12 50, Fax 9 72 50 26 09. Zentral, unweit des Teatre-Museu Dalí gelegenes, stimmungsvolles Hotel mit liebenswert altmodischem Charme.

Restaurant

Ampurdán, Carretera Nacional II, Km 763, knappe 2 km nördlich von Figueres, Tel. 9 72 50 05 62, Fax 9 72 50 93 58. Restaurant im gleichnamigen 3-Sterne-Hotel. Berühmt für seine regionaltypischen Feinschmeckergerichte, etwa Gans mit Steinpilzen.

2 Peralada

Roulette in mittelalterlichem Palast.

Der 1300-Seelen-Ort bildet zusammen mit Vilamaniscle und Capmany das Kerngebiet der hügeligen **Weinbauregion** L'Albera. Aber das 6 km nordöstlich von Figueres gelegene Peralada ist nicht nur für seine **Kellereien** bekannt, in denen etwa der ausgezeichnete *Blanc de Blancs* verkostet wird. Auch das **Casino** (tgl. von nachmittags bis 5 Uhr, winters bis 4 Uhr) zieht zahlreiche Gäste an. Es ist im höher gelegenen Ortsteil in einem wachtturmgeschmückten Renaissance-Schloss aus dem 16./17. Jh. untergebracht (Besichtigung nur mit Führungen: Di–So 10, 11 und 12 Uhr, Di–Sa zusätzlich 16.30, 17.30 und 18.30 Uhr). Es ging aus

Burgfräulein und Ritter auf den Zinnen? Leicht vorstellbar beim Schloss von Peralada

einem Kastell des 14. Jh. hervor und liegt wunderschön von Parkanlagen umgeben. Im Juli und August bildet es die Kulisse für das **Festival de Música**, ein internationales Festival klassischer und zeitgenössischer Musik.

Innerhalb der Schlossanlage befindet sich die Kirche **Mare de Déu del Carme**. Ihre hoch aufragende Dachkonstruktion gilt als feines Beispiel katalanischer Gotik. Nicht minder interessant ist das im Keller eingerichtete **Museu del Vi**, das über die regionalen Weine und ihre Herstellung berichtet.

Restaurant

Bar Obra Social, dem Schlosseingang schräg gegenüber. Das äußerlich unscheinbare Lokal wartet mit wahrhaft barocken Portionen der regionalen Spezialität *Pa amb tomaquet*, Röstbrot mit darauf zerriebener Tomate, auf.

3 Capmany

Wo Zapfhähne Geschichte schreiben.

Ein Abstecher in das Dörfchen Capmany lohnt wegen der **Weinkellerei Oliveda** (La Roca 3, Voranmeldung bei Señor Freixa, Tel. 9 72 54 90 12). Die Familien-

chronik des 1764 von Josep Privat gegründeten Weingutes spiegelt auch einen Teil der Geschichte des L'Albera wieder. Der heutige Name des Winzerbetriebes geht auf Josep Oliveda i Casanoa zurück, der zusammen mit seiner Frau Joana Rigau i Ros in der ersten Hälfte des 20. Jh. die moderne Ära des Winzerbetriebes einläutete. Das Sortiment umfasst mehrfach prämierte Weine aus dem Hause Oliveda und Sekt (*Caves*) der Marke Freixa-Rigau. Greifbar wird die traditionsreiche Geschichte der Familie bei einer **Führung** durch die alten Weinkeller und die kleine, liebevoll präsentierte Ausstellung. In diesem **Museu de les Aixetes** (Mo–Sa 9–13 und 15–18, So 9–13 Uhr) schmücken Tausende von Zapfhähnen, sog. *Spünde*, die Wände. Manche der darauf eingravierten Zeichen lassen erkennen, dass sie aus Klosterkellereien stammen. Ebenfalls ausgestellte Destillierapparate vermitteln anschaulich und eindrucksvoll die technische Entwicklung der hohen Kunst, guten Wein zu keltern.

Ausflüge

Die Megalithstätte **Mas Beleta** mit ihren Hünengräbern ist eine von mehreren prähistorischen **Dolmensetzungen** in der Nähe von Capmany. Fährt man von der Carrera Nacional 2 in Richtung Cantallops, zweigt nach ca. 2 km rechts eine staubige Piste ab. Nach weiteren 1,5 km

Fruchtige Rote und frische Weiße

Die Höhenzüge der **Serra de l'Albera** *erstrecken sich nördlich von Figueres entlang der Grenze zu Frankreich. Das Klima ist mild und eignet sich gut für den Weinanbau, den Phönizier und Römer bereits in vorchristlicher Zeit hier einführten. Auf terrassierten Parzellen setzten später u. a. Mönche des Klosters Sant Pere de Rodes diese Tradition fort.* **Weinanbau und -handel** *bildeten die wirtschaftliche Grundlage vieler Orte in dieser Region, bis im 19. Jh. eine Reblausplage die Anbauflächen heimsuchte. Heute bringt die*

L'Albera auf ca. 5000 ha wieder einige hervorragende und nicht nur in Katalonien bekannte Weine hervor, überwiegend **Cuvées**.

Aus der Garnatxatraube gewinnt man derben, frisch-fruchtigen Rosé, aus Carinyenareben herbe Rotweine. Weiße Macabeuarten schmecken gekeltert neutral bis duftig, und Xarelo wird bevorzugt für die Herstellung von Schaumwein genutzt. Man sollte diese Weine am besten vor Ort genießen, da sie recht schnell ihre Geschmacksnote verlieren.

sind die Megalithen erreicht. Sie liegen über eine größere Fläche zerstreut, bilden jedoch keine zusammenhängende Grabanlage. Geradezu pastoral wirkt ringsum die mediterrane Landschaft des **L'Albera**, und in der Tat sind Schaf- oder Ziegenherden hier keine Seltenheit. Gebiete mit trockenen Böden und sparsamer Vegetation, wo Olivenbäume, in höheren Lagen Stein- und Korkeichen wachsen, wechseln sich ab mit Zonen, die von dichtem Macchiawuchs, mit Kräutern, Ginster und Zistrosen überzogen sind. Im Frühjahr blüht üppiger Rosmarin, und man kann schöne Plätze für ein Picknick finden.

Außerhalb der Weinberge scheint die L'Albera wie geschaffen für ausgedehnte Spaziergänge und Wanderungen, vor allem, wenn im Frühjahr die Natur grünt und blüht

4 Besalú

*Befestigtes Bergdorf mit mittelalter-
lichem Charme.*

Etwa 30 km westlich von Figueres, am
östlichen Rand der vulkanischen Landschaft **Garrotxa** liegt das mittelalterliche
Städtchen Besalú. Der Ort erfährt beson-
deren Reiz aus seiner malerischen Lage
entlang einer Bruchkante des Río Fluvià.
Die landschaftliche Kulisse bilden die
bis in den Frühsommer schneebedeckten
Höhenzüge der Pyrenäen. An strategisch
günstiger Stelle wurde Besalú im Jahre
812 als gräfliche Residenz von Wilfried
dem Behaarten erbaut.

Das historische Zentrum des Ortes
steht unter Denkmalschutz. Als suchten
sie noch heute Schutz vor Angriffen, drängen sich die Häuser um einen Hügel, auf
dessen Höhe die Ruinen der romanischen
Kathedrale **Santa María** thronen. Wahrzeichen von Besalú ist die steinerne **Pont
Fortifikat**. Diese ›befestigte Brücke‹ aus
dem 12. Jh., auch *Pont Vell* oder ›alte
Brücke‹ genannt, überspannt in kühnem
Bogen den Río Fluvià, der östlich an dem
Ort vorbeifließt. Von hier aus bietet sich
das schönste Stadtpanorama. Die Brücke

*Die Weinlese ist größtenteils Handarbeit,
da ist jede Hilfe willkommen*

mit ihren mächtigen Wehrtürmen war im
Mittelalter Teil der Verteidigungsanlage
und stellte den einzigen Zugang nach
Besalú dar. Beim mittleren Brückenpfei-
ler knickt das Bauwerk seitlich etwas
ein, es führt also in einem leichten Win-
kel über den Fluss. In dessen Bett sind
noch Reste von Pfeilerfundamenten zu
sehen, die vermutlich auf römische Zeit
zurückgehen.

Von der Stadtseite der Pont Fortifikat
gelangt man durch den Carrer del Pont
zur *Miqwé*. Als einzig erhaltenes **jüdi-
sches Bad** in Spanien ist es von histori-
scher Bedeutung. Wie in Girona lebte
auch in Besalú die jüdische Gemeinde in
ihrem eigenen Viertel **El Call**, bis sie
1492 aus Spanien vertrieben wurde. Von
einer Mitte des 13. Jh. errichteten Syna-
goge ist heute nicht einmal mehr der einstige Standort bekannt.

Eine beschauliche Atmosphäre zeichnet die zentrale **Plaça Major** aus, die
von schönen Gebäuden aus dem 16. Jh.
eingerahmt wird. Von einem der Cafés
unter den Arkaden des Platzes kann man
das Ambiente betrachten und sich in
die alte Zeit zurückversetzen, als hier
geschäftiges Marktleben herrschte. Einige Schritte südwestlich erhebt sich am

Mit Blick auf die hübsche Pont Vell ist eine Rast in Besalú noch mal so schön. Bereits die Römer hatten an dieser Stelle eine Brücke über den hier meist seichten Río Fluvià gebaut

gleichnamigen Platz die Kirche **Sant Pere** aus dem frühen 11. Jh. Sie war Teil eines 977 gegründeten Benediktinerklosters, das Anfang des 19. Jh. zerstört wurde. Die schlichte Westfassade zeichnet sich durch zwei plastische Löwenfiguren aus, die ein Rundbogenfenster flankieren.

Praktische Hinweise

Information: Ajuntament de Besalú, Patronat Municipal de Turisme, Plaça de la Llibertad 1, Besalú, Tel. 9 72 59 12 40, Fax 9 72 59 11 50

Restaurant

Pont Vell, Carrer Pont Vell 28, Tel. 9 72 59 10 27. Das Lokal in pittoresker Lage mit kleiner Terrasse an der romantischen Brücke bietet herzhafte Spezialitäten der Bergregion, manchmal z.B. *Mongetes amb botifarra* (Schweinswürste mit weißen Bohnen).

5 Roses

Skipper und Sportler begeistern der Naturhafen und die Wassersportmöglichkeiten

Dank ihrer günstigen Lage im Norden des *Golfo de Roses* wurde die Stadt zum größten Ferienort der nördlichen Costa Brava. Urlaubsgäste genießen die kilometerlangen, breiten **Sandstrände**, die sich südwestlich hinziehen. Die ruhigen Gewässer der Bucht locken vor allem Segler an, weiter draußen erkunden Taucher die Unterwasserwelt des Mittelmeers. Den Küstenstreifen hat sich der Massentourismus mit einer hohen Konzentration von Hotels, Apartmenthäusern und zahlreichen Urlaubseinrichtungen von Souvenirläden bis Segelschulen erobert. In Roses leben knapp 12 000 Einwohner, während der sommerlichen Hauptsaison steigt die Zahl um das Sieben- bis Achtfache.

Im Norden reicht der Gebirgszug der *Serra de Roda* bis zur Halbinsel *Cap de*

Creus. Östlich von Roses fällt er zur Felsenküste hin ab, die herrliche Buchten freigibt. An ihren Hängen wurden zahl-

reiche Ferienhäuser und -wohnungen gebaut, denn von hier aus genießt man den Blick aufs Meer sowie die häufig spektakulären **Sonnenuntergänge**.

Der Name Roses erinnert an griechische Siedler aus Rhodos, die sich ab dem 5. Jh. v. Chr. hier niederließen und ihre Kolonie *Rhode* nannten. Im 2. Jh. v. Chr. eroberten die Römer den Ort. Er entwickelte sich rasch zu einer geschäftigen Handelsstadt, vor allem dank des natürlichen **Hafens**. Im Mittelalter avancierte Roses zu einem wichtigen Stützpunkt der katalanischen Kriegsflotte, und im 15.–17. Jh. stachen von hier aus Kataloniens Handelsschiffe in See. Noch heute liegt in Roses die größte **Fischfangflotte** der Costa Brava, die für die Stadt von großer wirtschaftlicher Bedeutung ist.

Zum Schutz des Hafens ließ König Carlos I. im 16. Jh. auf einem westlich an die Altstadt grenzenden Hügel die Festung **Ciutadella** errichten. Die monumentale, sternförmige Anlage wurde 1814 von französischen Besatzungstruppen zerstört. Erhalten blieben drei Bastionen sowie das Ausfalltor *Porta de Mar*.

Auf einer Erhebung südöstlich des Hafens wurde im 17. Jh. die Burg **Castillo de Trinidad** errichtet. Sie zerfiel jedoch im Laufe der Jahrhunderte, sodass heute nur noch Ruinen zu sehen sind. Der Aufstieg lohnt sich trotzdem, denn vom auf der Spitze des Hügel gelegenen **Mirador del Puig Rom** genießt man einen herrlichen Ausblick über Roses, seinen Hafen

Auf Eis gelegt – fangfrische Meerestiere sehen ihrer Bestimmung entgegen

Eng umschließen die Gebäude der Stadt das perfekte Halbrund der Bucht von Roses

und die lang gestreckte Bucht. In der Nähe der Aussichtsplattform kann man einige Steinfundamente ausmachen, magere Reste der westgotischen Siedlung *Poblat visigòtic de Puig Rom* aus dem 7. Jh.

Zwischen den beiden Festungsruinen liegt, im Scheitelpunkt des Hafens, die **Altstadt** von Roses. Ihre engen, kopfsteingepflasterten Gassen werden zum Meer hin von der **Strandpromenade** begrenzt. Diese Avinguda de Rhodes verläuft entlang der vier, rund 45 m breiten, hellen Sandstrände, die Roses innerhalb der Stadt zu bieten hat. Im Nordosten liegt die etwas schmälere, 450 m lange *Platja La Perola*, jenseits der Hafenanlagen schließt sich auf 650 m die **Platja del Rastell** an. Bereits außerhalb der Altstadt erstrecken sich die beiden je 700 m langen Strände *Platja de Salatar* und *Platja Santa Margarida*.

Nahe ihres östlichen Endes weitet sich die Strandpromenade zur *Plaça de Catalunya*, von der aus man gemütlich die abendlichen Flaneure beobachten kann. Sehenswert ist der **Fischmarkt**, der jeden Freitag zwischen 17 und 19 Uhr im Fischereihafen gegenüber des Platzes stattfindet. Zwar findet die Fangversteigerung in einer Halle statt und ist nicht öffentlich, doch auch das geschäftige Treiben entlang der Kais hat seinen Reiz. Nebenan bieten in der *Carrer Cap Norfeu* Restaurants Fangfrisches vom Tage, u. a. eine Vielfalt an Krustentieren.

Praktische Hinweise

Information: Oficina de Turisme, Avinguda de Rhode 101, Tel. 9 72 25 73 31, Fax 9 72 15 11 50

Hotels

**** **Almadraba Park**, Platja d'Almadraba (4 km südöstlich von Roses), Tel. 9 72 25 65 50, Fax 9 72 25 67 50. Mitte Okt.–Anfang April geschl. Im Klassiker von Roses scheint die Zeit stehengeblieben zu sein, die Gäste erwartet gediegener Komfort. Herrlich an kleiner, sandiger Bucht gelegen. Tennis- und Minigolfplatz.

**** **Vistabella**, Avinguda Diaz Pacheco 26–30, Cala Canyelles Petites (östl. von Roses), Tel. 9 72 25 62 00 und 9 72 25 60 08, Fax 9 72 25 32 13. Nov.–Feb. geschl. Hotel in reizvoller Lage über einem Strand, umgeben von einem sorgfältig angelegten Garten.

* **Marina**, Avinguda Rhode 81/83, Tel. 9 72 25 62 78. Freundliches Altstadthotel in unmittelbarer Nähe zum Strand.

Restaurants

Flor de Lis, Carrer Cosconilles 47, Tel. 9 72 25 43 16. Versteckt gelegenes Restaurant eines deutschen Ehepaares. Spitzenküche mit Schwerpunkten auf Fisch und Meeresfrüchte. Tischreservierung wird empfohlen.

Hacienda El Bulli, Cala Montjoi (östlich von Roses), Tel. 9 72 15 04 57. 15.10.–15.3. geschl. Das mit zwei Michelin-Sternen ausgezeichnete Restaurant gehört zu den besten Spaniens und bietet verfeinerte regionale Küche, wie z.B. in Kokosraspel kross gebackene Sardinen. Reservierung notwendig.

6 Castelló d'Empúries

Kleiner Ort mit großer Kathedrale.

Eine Stadtmauer umgibt das mittelalterliche Zentrum des kleinen Ortes mit seinen engen Gassen und von Arkaden gesäumten Plätzen. Aus einer römischen Gründung hervorgegangen, war die Siedlung bereits im 8. Jh. Bischofssitz. Im 11. Jh. erhoben die Grafen von Empuries den Ort zu ihrer **Residenz**. Die darauf folgende rege Bautätigkeit begründete einen wirtschaftlichen Aufschwung. An diese Glanzzeit von Castelló d'Empuries erinnern noch heute jedes Jahr am 11. September die Festspiele **Terra de Trobadors** (Land der Troubadoure) mit einem Umzug in historischen Kostümen. Die passende Kulisse dazu bietet die siebenbogige Brücke *Pont Vell* (14. Jh.) über den *Río Muga*.

Beherrscht wird die Altstadt von der **Basilica Santa Maria**, die für die bescheidene Größe des Ortes überdimensioniert scheint. Die sog. *Kathedrale von Empordà* ist nach der von Girona die zweitgrößte im Nordosten Kataloniens.

Sie wurde im 14./15. Jh. unter Einbeziehung einer Vorgängerkirche aus dem 11. Jh. errichtet und vereint romanische und gotische Elemente. Am mächtigen Baukörper des dreischiffigen Gotteshauses setzen der arkadengeschmückte Turm und die **Westfassade** kraftvolle Akzente. Besonders reich gestaltet sind das *Tympanon* mit Figuren der Muttergottes und einer Anbetung der Heiligen Drei Könige sowie das von Sandsteinskulpturen der 12 Apostel flankierte *Gewändeportal*.

Das gotische **Innere** der Basilika beeindruckt durch das breite, gedrungen wirkende Mittelschiff, das in eine dreifache Chorapsis mündet. Von der Ausstattung verdient der alabasterne *Altaraufsatz* aus dem späten 15. Jh. besondere Erwähnung. Im Mittelpunkt des Retabels steht eine Muttergottesfigur, die von Reliefs mit Darstellungen aus dem Leben Jesu umgeben ist.

Praktische Hinweise

Information: Oficina de Turisme, Plaça dels Homes 1, Tel. 9 72 25 04 26, Fax 9 72 45 06 00

Hotel

** **Canet**, Plaça Joc de la Pilota 2, Tel. 9 72 25 03 40, Fax 9 72 25 06 07. Angenehmes, zentral gelegenes Hotel. 1998 umfassend renoviert. Mit Swimmingpool in einem dazugehörigen Adelspalast in derselben Straße.

Apostel mit Hut, zu sehen am Säulenportal der Basilica Santa Maria

7 Empúriabrava

Lagunenstadt im Naturschutzgebiet.

Die Feriensiedlung am Golf von Roses entstand 1967 nach Plänen vom Reissbrett. Unterschiedliche Eindrücke drängen sich auf während einer Rundfahrt durch die von **Kanälen** mit einer Gesamtlänge von 30 km durchzogene größte **Marinasiedlung** der Welt. Einerseits ist die Ferienstruktur originell, da die Straßen entlang eines Kanalrasters verlaufen und sich neben vielen Haustüren Bootsanlegestellen befinden. Andererseits haftet dem urbanen Gebilde ein künstlicher Hauch an. Zudem liegt die Lagunenenklave inmitten des Naturschutzgebiets Aiuguamolls [Nr. 8], dessen ökologisches Gleichgewicht durch die Abwässer aus Empúriabrava bedroht ist. Die Feriengäste schätzen jedoch die unmittelbare Nähe zum Meer und das reiche Wassersportangebot, wie es etwa der *Club Nautic* mit Sprungturm, Tauch- und Schnorchelschule bietet.

Praktische Hinweise

Information: Oficina de Turisme, Carrer Puigmal 1, Tel. 9 72 45 00 88, Fax 9 72 45 10 75

Per Boot zu Reitstall oder Flughafen – in Empúriabrava durchaus üblich

Pferdeflüsterer? – Idyllische Weiden am Rande des Naturparks Aiguamolls

8 Parc Natural Aiguamolls de L'Empordà

Heimat zahlloser Fische, Vögel und Reptilien.

Südwestlich von Roses fassen die beiden Flüsse Muga und Fluvià mit ihren Haupt- und Nebenläufen ein flaches, weit verzweigtes Mündungsgebiet ein, das Aiguamolls, ›seichte Wasser‹, genannt wird. Schon im 18. Jh. begann im Rahmen der Ausdehnung umliegender landwirtschaftlicher Nutzflächen die Entwässerung. 1983 wurde der Parc Natural Aiguamolls de L'Empordà eingerichtet, der knapp 4800 ha des Deltas unter **Naturschutz** stellt, davon ca. 900 ha besonders schützenswerte Sumpfgebiete.

Auf ausgeschilderten **Wanderpfaden** lassen sich Teile des Parks erkunden, etwa auf einem ca. 6 km langen Rundweg vom Besucherzentrum zum Strand und zurück. Dieses Informationszentrum **El Cortalet** (tgl. 9–14 und 16–19 Uhr) liegt am Eingang zum *Parc Natural* an der Straße zwischen Castelló d'Empúries und Sant Pere Pescador. Es hält Publikationen zum Naturpark und Wanderkarten bereit.

Die Ablagerungen der beiden Flüsse haben ein **Schwemmlandgebiet** mit unterschiedlichsten ökologischen Lebensräumen entstehen lassen. Einstige Flussarme weiteten sich zu kleinen, über Kanäle miteinander verbundenen Seen. Mit der Zeit verlandeten viele dieser Wasserflächen und bildeten **Brackwassersümpfe**, die je nach Gezeitenwechsel umliegende Wiesen und Pferdeweiden überfluten. Hier leben zahlreiche Vogelarten, Iltisse und Wasserschildkröten. An der Küste zieht sich zwischen den Flussmündungen ein Gürtel von **Sanddünen** entlang. Viele Zugvögel brüten im Frühjahr und rasten im Herbst in den Aiguamolls, unter ihnen Kraniche, Reiher und Störche. Gute Gelegenheiten zu Vogelbeobachtungen bieten die eigens dafür errichteten Hochstände im Nationalpark. Vor allem in den kühleren Morgen- und Abendstunden entfaltet sich die Naturschönheit des Parks.

9 Cadaqués

Picasso, Matisse, Miró, Dalí – das einstige Fischerdorf erlangte Weltruhm.

Weiße, meist einstöckige Häuser sind entlang der überschaubaren *Badia de Cadaqués* rings um einen kleinen Hafen nah ans Wasser gebaut. Sie werden von den grünen Hügeln oberhalb des Städtchens wie ein kostbares Collier eingefasst. Für viele Besucher ist Cadaqués einer der schönsten Orte an der Costa Brava, nimmt doch in der Bucht die *wilde Küste* eher sanfte Züge an. Das ruhige, glitzernde Wasser und das milde Sonnenlicht üben hier besondere Anziehungskraft aus, der Anfang des 20. Jh. viele **Maler** und **Schriftsteller** erlagen. Pablo Picasso, Federico García Lorca, Henri Matisse und Max Ernst gehörten ebenso dazu wie die Surrealisten um André Breton, Paul Éluard und Marcel Duchamp. Ihnen folgten in späteren Jahrzehnten Gabriel García Márquez und Mick Jagger, in deren Fußstapfen heutige Künstler Cadaqués aufsuchen – und heimsuchen.

Einer aber war schon seit seinen Jugendtagen in dieser Gegend beheimatet und ließ sich 1948 mit seiner Frau im benachbarten Port Lligat nieder, **Salvador Dalí**. Er setzte sich nachdrücklich dafür ein, den malerischen Fischerort vor Bausünden zu bewahren. Nicht zuletzt seinem Engagement ist es zu verdanken, dass Cadaqués die tiefgreifenden strukturellen Veränderungen an der Costa Brava weitgehend unbeschadet überstanden hat. Dafür hat ihm die Gemeinde an der Uferpromenade ein Denkmal errichtet, das den Maler auf einer Bank in lässig zurückgelehnter Haltung zeigt. Der Charme eines von Künstlerdasein und alternativem Lebensstil durchwehten Ortes mischt sich mit unvermeidlicher Kommerzialisierung. Gute Galerien, schrille Boutiquen und eine exzellente Gastronomie bietet Cadaqués allemal. Von der **Uferpromenade** entlang des felsigen Strandes fällt der Blick auf einige extravagante Privatvillen, die Merkmale des

Über die friedliche Bucht von Cadaqués wacht der Kirchturm von Santa Maria

Unverkennbar weist das Ei auf Dalí, den einstigen Besitzer des Hauses in Port Lligat

Port Lligat

Das einstige Fischerdorf in der nördlichen Nachbarbucht von Cadaqués ist wie Figueres und Púbol Station der **Ruta daliana**, auf der Dalí-Fans und Kunstfreunde den Spuren des Meisters in seinem Heimatland folgen. In Port Lligat wohnten Dalí und seine Frau von 1948 bis zum Tod Galas 1982. In den 1930er-Jahren hatten die beiden hier an einem kleinen Kiesstrand drei dicht beieinander liegende Fischerhäuser gekauft, die sie zu ihrem von weißen Betoneiern bekrönten Domizil umgestalteten. In dem ehem. Wohnkomplex wurde 1997 die **Casa-Museu Dalí** eröffnet (Mitte Juni – Mitte Sept. tgl. 10.30 – 20.10, sonst Di – So 10.30 – 17.10 Uhr, Jan. – Mitte März geschl.). Atelier, Bibliothek und Privaträume sind größtenteils noch original ausgestattet, auch der Garten ist zu besichtigen. Das Museum verwaltet – wie das Teatre-Museu in Figueres und die Casa-Museu Castell Gala Dalí in Púbol – die Stiftung *Fundación*

Modernisme zeigen und eine Ahnung vom mondänen Selbstverständnis des Städtchens vermitteln. Über den Dächern erhebt sich die **Iglesia Parroquial Santa Maria**, die wuchtig wirkende Pfarrkirche aus dem 17. Jh. In ihrem Inneren kann man die barocke *Orgel* sowie einen geschnitzten *Altar* von 1727 besichtigen.

Für einen Rundgang durch Cadaqués empfiehlt sich festes Schuhwerk, denn es geht über Treppen und Rampen aus Schiefergestein, auf und ab durch romantische Gassen. In Hafennähe präsentiert das **Museu Perrot-Moore** (sommers tgl. 10.30 – 13.30 und 16 – 20 Uhr) an der Ecke der Carrer Unió und Riera de Sant Vicente eine bedeutende Sammlung mit 400 Werken von Dalí und Picasso. Die Exponate umfassen Aquarelle, Ölgemälde, Skizzen und Skulpturen, darunter auch Jugendwerke Dalís. Bewunderung verdient das ›surrelistische Fahrzeug‹ im oberen Stockwerk. Zu den berühmten Figuren in dieser Installation eines Reisebusses aus den 20er-Jahren des 20. Jh. gehören neben dem Schöpfer Dalí auch Gala, Lorca und Miró.

In der Carrer Narcis Monturiol stellt das **Museu de Cadaqués** (Di – So 11 – 13 und 17 – 21 Uhr) den Menschen Salvador Dalí in den Mittelpunkt. Zahlreiche Fotos, Briefe und Manuskripte von ihm sowie Arbeiten von Künstlerkollegen vermitteln ein lebendiges Bild von seiner Persönlichkeit und seinem Genius.

Gala i Salvador Dalí, die der Maler zusammen mit der Madrider Regierung zu seinen Erben bestimmt hatte.

Wichtig: Ein Besuch muss vorher im Museum angemeldet werden, da der Eintritt in Gruppen von maximal acht Personen in 15-Minuten-Intervallen organisiert wird (Tel. 9 72 25 80 63).

TOP TIPP ▶ Cap de Creus

Die felsige, meerumtoste Landspitze des Cap de Creus liegt 11 km nordöstlich von Cadaqués. Mit Ausnahme eines besser ausgebauten Streckenabschnitts in der Nähe von Port Lligat zieht sich eine nur schmale Straße zum **östlichsten Punkt** Festlandspaniens. In einer etwa 1 1/2 Std. dauernden Wanderung kann man das Kap von Cadaqués aus auch zu Fuß über einen **Küstenpfad** erreichen. Am Ziel wartet eine grandiose **Aussicht**: Die Höhenzüge neigen sich zu einem leuchtturmbekrönten Plateau, das zerklüftete Schiefer- und Granitgestein formiert sich zu einer bizarren Felslandschaft oberhalb der Steilküste. Die Szenerie wirkt geradezu unwirtlich schroff, der Wind und die gegen den Felsen tobende Brandung haben der Küste tiefe Spuren eingegraben.

Praktische Hinweise

Information: Oficina de Turisme, Carrer Cotxe 2 A, Cadaqués, Tel. 9 72 25 83 15, Fax 9 72 15 94 42

Hotels

*** **La Residencia**, Avinguda Caritat Serinyana 1, Cadaqués, Tel. 9 72 25 83 12, Fax 9 72 25 80 13. Leicht ›angestaubtes‹, aber originelles Hotel mit Künstlerflair in zentraler Lage an belebter Straße.

Herber Charme kennzeichnet die raue Landschaft um das Cap de Creus

Gemächlich geht es in El Port de la Selva zu. Dazu paßt die friedliche Stimmung, wenn die Abendsonne das reizende Städtchen mit rotgoldenem Schimmer überzieht

*** **Playa Sol**, Platja Pianc 3 (etwas außerhalb), Cadaqués, Tel. 9 72 22 81 00, Fax 9 72 25 80 54. Hübsches, in der Hauptsaison ein wenig überteuertes Hotel mit Swimmingpool.

** **Blaumar**, Carrer Massa d'Or 21, Cadaqués, Tel. 9 72 15 90 20, Fax 9 72 15 93 36. Angenehmes, ruhiges Haus am Ortsrand mit kleinem Garten und Swimmingpool.

Restaurants

TOP TIPP **Casa Anita**, Carrer Miquel Rosses 1, Cadaqués, Tel. 9 72 15 94 01. Wer kräftig-deftige katalanische Kost, wie z.B. *Botifarras,* scharf gewürzte Würstchen, mag, ist bei Anita und ihrem Sohn Juan genau richtig, denn die beiden servieren herzhafte und günstige Gerichte (Mo geschl.).

Es Baluard, Riba Nemesio Llorens 2, Cadaqués, Tel. 9 72 25 81 83. Okt.–Dez. geschl. Gediegenes Fischrestaurant in historischem Gemäuer.

La Galiota, Riba Narcís Monturiol/ Nemesio Llorens 9, Cadaqués, Tel. 9 72 25 81 87. Im Winter nur am Wochenende geöffnet. Die großartigen kulinarischen Leistungen der ampurdanischen Küche wurden mit einem Michelin-Stern honoriert.

10 El Port de la Selva

Erholung pur in geruhsamem Küstenort.

Eine entspannte Atmosphäre strahlt das Dorf an einer weit geschwungenen, geschützten Bucht aus. Der Name Port de la Selva, bedeutet ›Hafen am Wald‹ und wurde wohl als Anspielung auf die dichten Wälder gewählt, die den Gebirgszug der *Serra de Roda* einst bedeckten.

Der Ort lebt von Fischfang und Fremdenverkehr. Für letzteren ist der gut ausgebaute **Sporthafen** von großer Bedeutung. Der dörfliche Charakter von Port de la Selva blieb aber weitgehend erhalten. Da Kies und Steine am Strand überwiegen, bleibt ein Badetourismus größeren Zuschnitts anderen Städten überlassen. Im Westen der Bucht ist das Ufer freilich sandig, und Windsurfer wissen die dortigen Fallwinde zu schätzen.

Praktische Hinweise

Information: Oficina de Turisme, Carrer Mar 1, Tel. 9 72 38 70 73

Hotel

** **Porto Cristo**, Calle Major 54, Tel. 9 72 38 70 62, Fax 9 72 38 75 29. Frisch renoviertes Haus. Zimmer im neuen Trakt mit Meeresblick buchen.

Restaurant

Llevantina, Carrer Illa s/n. Nettes Restaurant mit Terrasse direkt am Hafen. Der stets fangfrisch zubereitete Fisch schmeckt köstlich.

 11 Sant Pere de Rodes

Bergkloster mit großer Vergangenheit.

In zahlreichen Kehren zieht sich die Serpentinenstraße von El Port de la Selva aus zum Kloster in die Berge der *Serra de Roda* hinauf. Sie endet bei einem Parkplatz, von dem aus man in 10 Min. zu Fuß das ehem. **Benediktinerkloster** Sant Pere de Rodes (Juni – Sept. tgl. 10–17, Okt.–Mai tgl. 10–17.30 Uhr, Tel. 9 72 38 75 59) erreicht. Die Anlage in 600 m Höhe vermittelt den Eindruck einer mächtigen Bergfestung. Innerhalb der Mauern liegt auf mehreren Ebenen eines der großen romanischen Bauwerke Spaniens. Das imposante Erscheinungsbild wird ergänzt durch die Burgruinen des mittelalterlichen **Castell de Salvador**, die auf dem Berg oberhalb der früheren Abtei thronen. Der Aufstieg dauert einfach etwa 1/2 Std., wird aber mit einer herrlichen Aussicht über Tal und Kloster belohnt.

Geschichte Die Ursprünge von Sant Pere de Rodes liegen im Dunkel der Geschichte verborgen. Im Jahr 808 wird erstmals ein kleines Kloster an dieser Stelle schriftlich belegt, das ab 899 dem Bischof von Girona unterstand. Protegiert durch Graf Tassi von Peralada entstand daraus um 926 eine selbständige **Abtei**, die sich ab Mitte des 10. Jh. zu einem bedeutenden Konvent entwickelte. Das Kloster gewann durch Schenkungen große Ländereien in Nordkatalonien und wurde ständig vergrößert, u. a. um den ersten, unteren Kreuzgang und die Kirche (geweiht 1022). Im 11. Jh., einer Periode geistig-spiritueller Blüte, wurde auch die bedeutende Schreibschule von Sant Pere eingerichtet, in der kurz nach ihrer Gründung wahrscheinlich auch die heute in der Pariser *Bibliothèque Nationale* aufbewahrte **Bibel von Roda** (*Bible de Noaille*) entstanden ist, ein Meisterwerk romanischer Buchmalerei.

Im 12. Jh. erfuhr der Klosterkomplex mit dem Neubau des Glockenturms, des oberen Kreuzgangs und der Vergrößerung der Kirche eine zweite **Erweiterung**. Sant Pere blieb auch im Spätmittelalter ein bedeutendes religiöses Zentrum, obwohl sich die ökonomische Situation verschlechterte, da die Gläubi-

Vom Castell de Salvador überblickt man die eindrucksvollen Überreste der Klosteranlage

gen der Mönchsgemeinschaft ein allzu weltliches Leben nachsagten und nicht mehr so reichlich spendeten wie früher. Im 17. und 18. Jh. kam es zum letzten Umbau der Anlage, aber nach mehreren Überfällen und Plünderungen durch Räuber und Piraten war der **Verfall** des Klosters nicht mehr aufzuhalten. Die letzten Mönche verließen 1798 den Konvent und siedelten nach Vilasacra und Figueres um. 1830 beendete die Säkularisierung die große Geschichte von Sant Pere de Rodes.

Vergleichsweise spät würdigten Kunsthistoriker die Bedeutung des Klosters. Dessen Überreste wurden erst 1930 unter **Denkmalschutz** gestellt und mit längeren Unterbrechungen ab den 1960er-Jahren umfassend restauriert. In den wiederhergestellten Gebäuden hat die katalanische Regierung ein **Kongresszentrum** eingerichtet. Nicht selten eilen Kellner durch das Kirchenschiff, um Seminarteilnehmern ein Getränk zu reichen.

Besichtigung Ein Rundgang durch den Komplex wird zu einem Streifzug durch acht Jahrhunderte verschiedener Bauperioden. Man betritt die von drei wuchtigen Vierecktürmen beherrschte Anlage von Norden her über einen Innenhof. Er wird im Westen von Bauten aus den späteren Jahrhunderten (13.–18. Jh.) gesäumt. Sie enthalten meist Wohnräume, im Südwesten erhebt sich ein massiver Turm mit Wehrgang.

Links liegt der älteste Teil der Anlage, der eigentliche Klosterkern. Die unübersehbare Treppe führt zum **Kirchenportal**, das in die Vorhalle (11. Jh.) des Got-

Dramatisches Ende einer Flucht

teshauses führt. Ein Rundgang sollte aber beim mächtigen *Glockenturm* beginnen, der sich südlich vom Portal wie ein Campanile über dem Eingang zum alten Kloster erhebt. Dahinter, im Süden an die Kirche angebaut, liegt der trapezförmige **obere Kreuzgang** aus dem 12./13. Jh., der von Rundbögen eingefasst ist. Original sind allerdings nur noch wenige Säulenkapitelle erhalten. Auf der Ebene darunter sind Reste eines **alten Kreuzganges** aus dem 10./11. Jh. und *Wandmalereien* zu sehen. Hier wird die Entstehungsgeschichte des Klosters in besonderer Weise gegenwärtig, das im Laufe der Jahrhunderte in mehreren Schichten übereinander angelegt wurde.

Eine Treppe führt vom oberen Kreuzgang in das südliche Querschiff der tiefer gelegenen **Kirche**, mit der sich bewahrheitet, dass das Schönste zum Schluss kommen soll. Es handelt sich um eine dreischiffige Basilika mit Querhaus und drei Apsiden. Das im 10./11. Jh. entstandene Gotteshaus gilt als erstes romanisches Großbauwerk Kataloniens und überrascht mit den für jene Zeit monumentalen Maßen von 37 m Länge und 15 m Höhe. Getragen werden die Tonnengewölbe der Schiffe von herrlich gearbeiteten Pfeilern, die etwa auf halber Höhe in Säulen übergehen. Sie werden von polygonalen Kapitellen bekrönt, die wundervolle, korinthisch anmutende Akanthusornamente, Flechtwerk, geometrische Muster und plastisch gearbeitete Tierköpfe aufweisen.

Der hufeisenförmige **Triumphbogen** vor der mittleren Apsis mit dem harmonischen Chorumgang spiegelt frühe westgotische Einflüsse wider. Unter der Hauptapsis liegt eine einfache **Ringkrypta**, wohl aus den Anfangszeiten des Klosters im 9. Jh. Eine gemauerte Säule mit vorromanischem Fischgrätmuster *(Opus spicatum)* trägt das Gewölbe.

12 Portbou

›Bitte umsteigen!‹ oder
Auf den Spuren Walter Benjamins.

Das von den Pyrenäen überragte Portbou liegt an einer kleinen, von dunklen Kiesstränden umsäumten Bucht und ist wichtiger **Eisenbahngrenzübergang** zwischen Spanien und Frankreich. Das Städtchen am felsigen Hang lebt ganz im Bannkreis seines Bahnhofs. Er wurde 1929 für die Weltausstellung in Barce-

Rundbögen und Kreuzrippengewölbe

Nicht umsonst wird die Romanik in Katalonien auch als **nationale Kunst** *bezeichnet. Mehr als 2000 romanische Sakral- und Profanbauten, überwiegend aus dem 11. bis 13. Jh., bilden ein in allen späteren Epochen unübertroffenes historisches Erbe. Besondere Impuls gebende Bedeutung kommt der katalanischen Frühromanik des 10. Jh. zu, als in den Grafschaften der Spanischen Mark einige der ersten romanischen Bauwerke Europas entstanden.*

Um die Jahrtausendwende hatte sich Katalonien von der kurzzeitigen maurischen Herrschaft befreit. Die darauf folgende Phase politischer und gesellschaftlicher Konsolidierung stärkte die vom Norden des Landes ausgehende Reconquista. Religiöser Eifer und die Erfolge der christlichen Eroberungszüge übten eine ungemein starke Sogwirkung auf das geistige Leben aus, was die zahlreichen **Klostergründungen** *und Pilgerreisen belegen. Die ab der Mitte des 11. Jh. einsetzende Periode intensiver Bautätigkeit führte in Katalonien zu einer schöpferischen Blüte und läutete unter dem Einfluss lombardischer Baumeister und Steinmetzen die erste Phase der* **Hochromanik** *ein. Blendarkaden, gezahnte Bänder oder Fischgrätmuster zierten nun die Kirchenbauten mit ihren mächtigen Baukörpern und schlanken Glockentürmen im Stil italienischer Campanile. Der Chor wurde ausgebaut und in Apsiden unterteilt, um mehr Altäre*

Romanische Künstler stellten Christus oft als Pantokrator dar, als Weltenherrscher

einrichten zu können. Zusätzlich wurden Krypten erweitert und Querschiffe zwischen Chorhaupt und tonnengewölbtem Langhaus eingezogen.

Um die Wende vom 11. zum 12. Jh. dominierte die **Plastik**. *Der Portal-, Kapitell- und Altarschmuck setzte glanzvolle Akzente, etwa in den Klöstern Sant Pere de Rodes und Poblet. Großartig ist auch die katalanische* **Wandmalerei**, *die im europäischen Vergleich einzigartig ist. Wahre Prachtstücke sind im Museu Nacional d'Art de Catalunya in Barcelona [s. S. 78] zu sehen, die größtenteils in kleinen Kirchen der Pyrenäen abgenommen und sorgfältig restauriert wurden.*

lona erbaut und nimmt im Vergleich zu den schmucken, aber eher bescheidenen Häusern geradezu gigantische Dimensionen an. Die beiden hier parallel verlaufenden Schienenstränge haben eine unterschiedliche Spurweite. Die aus Frankreich eintreffenden Züge halten auf der einen Seite des Bahnhofsgebäudes und die Reisenden steigen in spanische Waggons mit größerem Radabstand um, übrigens derselbe wie in Russland. Nur Gästen der Komfortzüge Talgo und TGV bleibt das Umsteigen durch spezielle Spurwechselanlagen erspart.

Eine steile Straße (10 Min. Fußweg) führt von der *Estación* zum örtlichen **Friedhof**, der in den Felsen hoch über Portbou liegt. Hier sind zum einen die terrassenförmig angelegten *Urnenkammern* interessant. Die meisten Besucher aber wollen zum Grab Nr. 563, in dem der deutsch-jüdische Philosoph und Schriftsteller **Walter Benjamin** (1892–1940) seine letzte Ruhestätte fand. Er war am 26. September 1940 auf der Flucht vor dem NS-Regime nach Portbou gekommen und wollte zusammen mit anderen Flüchtlingen über Spanien und Portugal in die USA ausreisen. An jenem Tag war jedoch die Grenze gesperrt worden, und so verwehrten spanische Beamte der Gruppe trotz eines Visums für die USA die Weiterfahrt. Wohl wissend, daß er am nächsten Tag der Gestapo ausgeliefert werden würde, wählte Benjamin in derselben Nacht den Freitod durch eine Überdosis Morphium.

Passagen nannte der israelische Künstler Dani Caravan seine 1994 im Auftrag Deutschlands und Kataloniens errichtete **Installation**, die vom Friedhof zum Meer führt. Der Titel knüpft zum einen an Benjamins Werk ›Passagen‹ an und versinnbildlicht zum anderen eindrucksvoll die Ausweglosigkeit des Schriftstellers. Eine von eisernen Wänden gesäumte Treppe führt auf eine steil abfallende Felsklippe zu und endet an einer Glastür, mit deren Inschrift Benjamin zitiert wird: »Schwerer ist es, das Gedächtnis der Namenlosen zu ehren als das der Berühmten. Dem Gedächtnis der Namenlosen ist die historische Konstruktion geweiht.«

Praktische Hinweise

Information: Oficina Municipal de Turisme, Passeig Lluís Companys s/n, Tel. 9 72 12 51 21, Fax 9 72 12 51 23

13 L'Escala und Empúries

Archäologische Top-Attraktion.

Der Golf von Roses zieht sich bis zum Kap *Punta del Bol Roig*, an dem mit L'Escala nach Roses der zweitwichtigsten **Fischereihafen** der Costa Brava liegt. *Anxoves*, kleine Sardellen, die hier in Salz eingelegt und zu **Anchoviskonserven** weiterverarbeitet werden, sind über die Grenzen Kataloniens hinaus als köstlich bekannt.

Der zunehmende Tourismus hat den einst ruhigen Ort aus seiner Idylle gerissen. Sie wird auf historischen Fotos von der Jahrhundertwende wieder greifbar, wie sie in manchen Bars an der **Plaça Església** im alten Ortskern um die Kirche *Sant Pere* zu sehen sind. Heute kommen die zahlreichen Gäste vor allem nach L'Escala, um Sonne und Meer zu genießen. Am besten können sie das am gepflegten, sandigen Hauptstrand **Platja de Riels**, den Strandpromenade und Altstadt in weitem Halbkreis umgeben. Er wird im Süden von den Kais und Molen des ausgedehnten Hafens begrenzt.

2 km nördlich von L'Escala liegt die Ausgrabungsstätte von **Empúries** (Okt.– Mai tgl. 10–18, Juni–Sept. tgl. 10–20 Uhr), die größte bekannte **griechisch-römische Siedlung** auf spanischem Boden, eine Metropole der Antike. Das direkt am Meer gelegene Areal unterteilt sich in eine griechische und eine später entstandene, flächenmäßig wesentlich größere, römische Stadt.

Geschichte Um 600 v. Chr. gehörte das heutige Ausgrabungsgebiet zur Landfläche einer im Laufe der Zeit mit der Küstenlinie verschmolzenen Insel. Dort lag eine Siedlung griechischer Seefahrer aus Phokäa, die sich auf der Suche nach neuen Handelsplätzen im Golf von Roses niedergelassen hatten. Nichts ist erhalten geblieben von dieser *Palaià Pólis*, die zu den frühesten griechischen Gründungen auf der iberischen Halbinsel gehörte. Gegen Anfang des 5. Jh. entstand etwas südlich die neue Stadt, *Néa Pólis*, die ihre wiederum griechischen Erbauer **Emporion**, ›Markt‹, nannten. Durch rege Handelskontakte stieg sie zu einer bedeutenden Kolonie auf.

Zu Beginn des 2. Punischen Krieges (218–201 v. Chr.) eroberte der römische Feldherr *Scipio der Ältere* Emporion. Er wollte damit Roms strategische Position gegenüber Karthago ausbauen. Der im

Seit Jahrmillionen brandet das Meer an die Steilküste bei L'Estartit

2. Jh. v. Chr. etwas weiter westlich eingerichtete militärischer Stützpunkt **Ampurias** der Römer wurde ab der Zeitenwende zu einer befestigten Stadt (*Urbs*) mit schachbrettartig angelegten Straßen erweitert, in der sich bevorzugt Veteranen niederließen. Kaiser Augustus (63 v. Chr.–14 n. Chr.) führte sie mit der ursprünglich griechischen Nachbarstadt unter dem Namen **Municipium Emporiae** zusammen.

Als Handelszentrum und Sitz ziviler wie militärischer Verwaltung blühte der Ort zwei Jahrhunderte lang. Ab dem 2. Jh. n. Chr. wuchs die Macht von Tarraco (Tarragona) und Gerunda (Girona) zum Nachteil von Emporiae, das einen kontinuierlichen Niedergang erlebte. Die **Westgoten** fanden es bei ihrer Ankunft um 400 fast verlassen vor und gründeten an dieser Stelle im 6. Jh. einen Bischofssitz. Das Ende der Siedlung kam mit maurischen Überfällen im 8. Jh., für die endgültige Verwüstung sorgten im 9. Jh. normannische Piraten.

Der Verfall der Mauern und Gebäude dauerte weit über ein Jahrtausend, ehe die Reste von Emporion 1908 wiederentdeckt wurden. Archäologen gehen davon aus, dass bisher ca. $1/4$ des Stadtgebietes freigelegt wurde.

Besichtigung Der in chronologischer Folge aufgebaute **Rundgang** beginnt in der griechischen Siedlung, führt danach zum Museum und weiter in die römische Stadt. Es lohnt sich in jedem Fall, das weitläufige, von Pinien eingerahmte Gelände mit Muße zu erschließen und die Aussicht auf die Küste zu genießen. Zahlreiche Tafeln mit Erläuterungen und Zeichnungen machen die Ruinen anschaulicher und vermitteln eine lebendige Vorstellung insbesondere von der römischen Stadtkultur der Antike.

Auf einem Plateau über der Küste erhebt sich die südliche Umfassungsmauer der griechischen Néa Pólis, an der man das Ausgrabungsgelände betritt. Gleich rechts lag der dorische **Serapion** aus dem 1. Jh. v. Chr, ein dem ägyptischen Gott Serapis geweihter Tempel. Auf der gegenüberliegenden Seite befand sich das **Asklepion**, ein Heiligtum des Gottes der Heilkunde. Die Stadt verfügte neben Wohnhäusern und dem Markt auch über Wirtschaftsgebäude wie Einsalzungsbetriebe für Fische, Werkstätten und eine durch Zisternen gespeiste Wasserversorgung. Teile der einstigen Wasserleitung und des **Kanalsystems** sind erkennbar, ebenso die Fundamente verschiedener Wohnhäuser aus dem 2. Jh v. Chr. Die **Agora**, ein ausgedehnter, viereckiger Platz, bildete den Mittelpunkt des öffentlichen Lebens. Große Volksversammlungen fanden in den umlaufenden, z.T. erhaltenen Säulenhallen (*Stoá*) statt, die dem hellenistischen Baustil des 2. Jh. v. Chr. angehören. Südöstlich davon lag eine frühchristliche **Basilika** (4.–7. Jh. n. Chr.) mit noch erkennbarer Vorhalle und halbrunder Apsis. Sie geht auf die Westgoten zurück und war wohl eines der ersten christlichen Gotteshäuser auf spanischem Boden.

Das archäologische Fundgut wird sehr ansprechend im **Museu Monograf** präsentiert. Der Museumskomplex westlich der Néa Pólis nutzt die Gebäude eines ehem. Servitenklosters, das im 19. Jh. aufgelöst wurde. Zu den Exponaten gehören Keramikobjekte aus intensiv rotleuchtender *Terra Sigilata*, wie sie während der kaiserlich-römischen Periode hergestellt wurden, und vor allem Gebrauchsgegenstände, Schmuck, Trinkhörner oder Amphoren. Ein Mosaik aus dem 1. Jh. v. Chr. thematisiert den Mythos der Opferung der Iphigenie von Aulis. Die Ausstellung bietet einen ausgezeichneten Überblick über soziale Struktur, gesellschaftliches Leben, Wirtschaft, Politik, Religion und den Bestattungskult in römischer Zeit.

Noch immer beeindruckend, wacht Zeus, der Blitzeschleuderer, über Empúries

In der oberhalb, also westlich gelegenen **römischen Stadt** sind einige Mosaiken in Grautönen mit unterschiedlichen Mustern zu sehen, von denen eines im ausgeschilderten *Domus 2A* im Stil an islamische Kunst erinnert. Hervorzuheben sind weiterhin das quadratische **Forum** mit Augustustempel und Kapitol, letzterer ein Jupiter und Juno geweihtes Heiligtum. Im Südwesten, außerhalb der Stadtmauer lag das *Amphitheater*, in dem Gladiatorenspiele stattfanden. Nach den mageren Überresten zu schließen, muß es für eine Stadt dieser Größe recht klein gewesen sein.

Praktische Hinweise

Information: Oficina de Turisme, Plaça de les Escoles, L'Escala,
Tel. 9 72 77 06 03, Fax 9 72 77 33 85, Ruinen von Empúries, Tel. 9 72 77 02 08

Hotels

*** **Nieves Mar**, Passeig Maritim 8, L'Escala, Tel. 9 72 77 03 00, Fax 9 72 77 36 05. Unmittelbar am Golf von Roses gelegen. Mit Gartenanlage, Tennisplätzen und Swimmingpool.

*** **Voramar**, Passeig Lluis Albert 2, L'Escala, Tel. 9 72 77 01 08, Fax 9 72 77 03 77. Jan.–Feb. geschl. Solides Haus an der Uferpromenade, Swimmingpool über der Felsenküste.

Hostal El Roser, Carrer Església s/n, L'Escala, Tel. 9 72 77 02 19. Freundliche, ruhige Unterkunft bei der Kirche inmitten der Altstadt.

Restaurant

Els Pescadors, Port d'en Perris 5, L'Escala, Tel. 9 72 77 07 28. Do geschl. Das im alten Ortskern in der Nähe des Hafens gelegene, alteingesessene Lokal bietet gute, bodenständige Fischküche.

14 L'Estartit und Illes Medes

Wo sich Zackenbarsche und Tintenfische, Schnorchler und Taucher tummeln.

Ein herrlicher, kilometerlanger und stellenweise bis 100 m breiter Strand und das Tauchrevier der vorgelagerten Medes-Inseln verwandelten L'Estartit, den kleinen Fischerhafen von *Torroella de Montgrí*, seit den 60er-Jahren des 20. Jh. in ein modernes Touristenzentrum. Nur wenige

Buntes und Bizarres können Taucher unter Wasser bei den Illes Medes entdecken

Kilometer trennen die beiden Orte, die eine kommunale Einheit bilden. Zwischen ihnen ragt der vegetationslose, 309 m hohe **Montgrí** (›grauer Berg‹) mit seinem gleichnamigen **Castell** auf. Die Ende des 13. Jh. erbaute Festung blieb jedoch unvollendet, nachdem König Jaume II. seine Residenz in Torroella verlassen hatte. Heute steht L'Estartit im Mittelpunkt des Besucherinteresses. Kein Wunder, zieht sich doch die hellsandige **Platja de L'Estartit** vom nördlich gelegenen, ausgedehnten Hafen über die Stadtgrenzen hinaus weit nach Süden. Wird sie anfangs noch von Boutiquen, Restaurants, Souvenirgeschäften und Tauchschulen gesäumt, genießt man jenseits der letzten Feriensiedlungen relative Ruhe und Beschaulichkeit.

Die viel besuchten Attraktionen von L'Estartit liegen jedoch unter der Wasseroberfläche. Dank der zwei größeren und fünf kleineren, in ca. 1 km Entfernung vorgelagerten **Illes Medes**, den Medes-Inseln, gilt der Ort bei **Sporttauchern** als erste Adresse an der Costa Brava. Sie können die Welt der großen Riesenzackenbarsche erforschen, das Wrack der 1992 gesunkenen ›Reggio‹ in 35 m Tiefe untersuchen oder auf ein *Tête à tête* mit einem Kopffüßer, einem Vertreter der Familie der Tintenfische, hoffen. Wer nicht schnorchelt oder taucht, kann mit dem Fernglas die reiche Vogelwelt der Eilande genießen oder von Glasbodenbooten aus die bunte Unterwasser-

welt bestaunen. Vor allem die Riffe um die mit rund 182 500 m² größte Insel **Meda Gran** sind für bizarre Formen und ihre ebenso vielgestaltigen wie vielfarbigen Bewohner bekannt. Damit das so bleibt, wurden die seit 1932 nicht mehr bewohnten Inseln 1985 erst zur *Schutzzone*, 1990 zum **Parc Natural** erklärt, in dem Fischen strikt verboten ist.

Praktische Hinweise

Information: Oficina de Turisme, Passeig Maritim 47, Tel. 9 72 75 19 10, Fax 9 72 75 17 49

Hotels

** **Miramar**, Avinguda de Roma 7, Tel. 9 72 75 86 28, Fax 9 72 75 75 00. Der schöne Garten lädt zum Schwimmen im Pool und zum Tennisspiel ein.

** **Santa Anna**, Carrer del Port 46–48, Tel. 9 72 75 13 26, Fax 9 72 75 08 42. Freundliches Ambiente in dem Haus in Hafennähe, mit Swimmingpool.

Restaurants

Les Salines, Passeig Molinet 5, Tel. 9 72 75 87 73. Beliebtes, ausgezeichnetes Fischrestaurant mit gehobenem Preisniveau.

Casi Casi, Passeig Maritim 22. Nettes *Tapa*-Lokal am Hafen, auch von Einheimischen gern besucht.

Südliche Costa Brava – Sonne, Sand und schöne Strände

Zwischen dem Mündungsgebiet des Río Ter und der Stadt Blanes verändert die Küstenlinie ihren Charakter. Die nackten, grauen Felsen und die spärliche Vegetation der nördlichen Costa Brava weichen **üppigem Grün**. Pinienwälder überziehen die Hänge, die von Eukalyptus, Stein- und Korkeichen bewachsenen Höhenzüge fallen sanfter zur Küste hin ab, weniger bizarr geformt als im Norden sind die zahlreichen **Buchten** und **Strände**. Ein beeindruckendes **Naturerlebnis** ist die Strecke zwischen den beiden Städtchen Sant Feliu de Guixols und Tossa de Mar. In unzähligen Kehren folgt die Küstenstraße GI 682 dem Meeresufer, auf das sich immer wieder zauberhafte Ausblicke öffnen. **Tossa de Mar** gehört zweifellos zu den schönsten Orten der südlichen Costa Brava und lädt zur Entspannung ein, seine zurückhaltende Gemeindepolitik hatte Vorbildcharakter für eine behutsame touristische Entwicklung.

Die im Grunde sanfte Küstennatur wird durch harte, von Menschenhand geschaffene Gegensätze unterbrochen. Der **touristische Aufbruch** seit den 50er-Jahren des 20. Jh. hat einstmals stillen Fischerdörfern die Seele und romantischen Stränden viel von ihrer Schönheit geraubt. Ein Paradebeispiel dafür ist die Urlaubsmetropole **Lloret de Mar** mit ihren Bettenburgen und Amüsierviertel. Auch das ist Teil dieser Küste. Das Hinterland bilden die südlichen Bereiche der Region *Baix Empordà* und der Südwesten der Provinz Girona. Die Stadt Girona ist **kulturelles Zentrum** der südlichen Costa Brava, dabei überaus reich an römischen und romanischen Baudenkmälern. Auch Iberer haben in der Gegend ihre Spuren hinterlassen, etwa bei Ullastret.

15 Girona

Plan Seite 44

Iberer, Römer und Juden prägten die Geschichte dieser liebenswerten Stadt.

In der 75 000 Einwohner zählenden Hauptstadt der gleichnamigen Provinz nimmt der *Río Ter* die kleineren Flüsse *Galligants*, *Güell* und *Onyar* auf und setzt seinen Lauf nordöstlich Gironas in Richtung Mittelmeer fort. Wie die Wasserläufe führen an diesem geschichtsträchtigen Ort auch die historischen Spuren verschiedenster Kulturen zusammen. So findet sich Baudenkmäler von der Antike bis zum späten Mittelalter, und die Museen der Stadt sind reich mit einzigartigen **Kunstschätzen** bestückt, seien es frühchristliche Sarkophage oder mittelalterliche Wandteppiche.

Auf einem Hügel oberhalb des Zusammenflusses von Onyar und Ter liegt **Barri Vell**, die Ober- oder Altstadt, die mit ihrem engen Gassengewirr einen scharfen Gegensatz zu den jüngeren Vierteln der Unterstadt bildet. Man sollte der Versuchung nachgeben und sich treiben lassen – entlang der Umfassungsmauer schlendern, über unebenes Kopfsteinpflaster und steinerne Treppen.

Geschichte Girona geht vermutlich auf eine iberische Gründung des 5. Jh. v. Chr. zurück, tritt aber erst im 1. Jh. n. Chr. zur Zeit der römischen Herrschaft, unter dem Namen *Gerunda oppidum civium Latinorum* aus dem Dunkel der Geschichte. Dank der Anbindung an die **Via Augusta**, der zwischen Gallien und der Provinz *Tarraconensis* verlaufenden Heerstraße, entwickelte sich Gerunda zu einem wichtigen, befestigten Handelsplatz. Mit dem Niedergang der römischen Herrschaft wurde der Ort christlich und in westgotischer Zeit **Bischofsstadt**. 717 begann das relativ kurze ›Zwischenspiel‹ der maurischen Besetzung.

785 eroberte Karl der Große Girona zurück. Die Stadt wurde Teil der fränkischen *Marca Hispania*, der Spanischen Mark, und gehörte ab dem 10. Jh. zur Grafschaft Barcelona.

Die sich im Mittelalter zu einem starken, eigenständigen **Fürstentum** entwickelnde Stadt musste sich immer wieder gegen die konkurrierenden Grafen von Empúries und französische Einfälle verteidigen. Trotz umfassender baulicher Erweiterung und Verstärkung der Befestigungsanlagen sah sich Girona wiederholt von Feinden eingeschlossen, was ihr den Beinamen **Ciutat dels Setges**, ›Stadt der Belagerungen‹, einbrachte.

Besichtigung Bester Ausgangspunkt für die Besichtigung von Girona ist **TOP TIPP** **La Catedral** ❶ (Di–Sa 10–14 und 16–19, So 10–14 Uhr) inmitten der Altstadt. Die Hälfte der langgestreckten *Plaça de la Catedral* nimmt eine monumentale, barocke *Freitreppe* aus dem 17. Jh. ein, die über drei Absätze

von jew. 30 Stufen zur gewaltigen Kirchenfassade mit ihrem über 5 m hohen, von übermannsgroßen Steinfiguren flankierten zweiflügligen Tor unter einem gotischen Rundfenster emporführt.

Die in mehreren Epochen entstandene, wuchtige **Bischofskirche** ist dem hl. Michael geweiht. Sie wurde anstelle eines romanischen Vorgängerbaus aus dem 11./12. Jh. aufgeführt, von dem der Kreuzgang und Teile des Turms erhalten sind. Mit dem Bau der eigentlichen Kathedrale begann man 1312, beendet wurde er erst Ende des 16. Jh. *Chorhaupt* und *Chorumgang* wurden noch nach Entwürfen des 14. Jh. dreischiffig angelegt, später jedoch anders ausgeführt. Dem Baumeister Guillem Bofill ist es zu verdanken, dass im 15./16. Jh. ein **einschiffiger Innenraum** mit einer Breite von 23 m und einer Länge von 63 m entstand. In 35 m Höhe wird er von dem größten **gotischen Gewölbe** Europas überspannt. Die den Seitenwänden vorgesetzten *Bündelpfeiler* streben zu ihren Kapitellen

Eine imposante Freitreppe führt zur statuengeschmückten Fassade der Kathedrale

empor, von denen sich die Kreuzgrate palmfächerartig verzweigen und in wundervoll gearbeiteten Schlusssteinen zusammenfinden. Das Raumerlebnis, das den Statikern jener Zeit die Haare zu Berge stehen ließ, ist tatsächlich kolossal. Die erhebende Raum- und Lichtwirkung wird verstärkt durch die *Glasfenster* aus dem 14.–16. Jh. 27 **Seitenaltäre** mit gotischen *Grabmälern* flankieren das Langhaus und legen sich in einem Kapellenkranz um den Chor.

Hinter dem romanischen Altarstein erhebt sich der **Hochaltar** mit dem in Silber getriebenen *Altarhimmel* aus dem 14. Jh. Das **Retabel** wurde 1320–57 von den katalanischen Künstlern Meister Bartomeu, Ramón Andreu und Pere Berneç geschaffen und stellt eine der herausragendsten Silberschmiedearbeiten des ka-

talanischen Mittelalters dar. Die Relieffelder des mit Edelsteinen und Emaille reich geschmückten, vergoldeten Altaraufsatzes zeigen Darstellungen aus dem Leben Mariens und die Passion Jesu. Der hinter dem Altar befindliche und aus einem Alabasterblock gehauene, reliefierte **Bischofssitz** aus dem 11. Jh. wurde lange für den Kaiserthron Karls des Großen gehalten, den die Legende als Stifter des Urdoms im 8. Jh. benennt.

Die Michaelspforte an der Nordseite führt zum Kapitularmuseum (s. u.) und zu dem großartigen, trapezförmigen **Kreuzgang** der romanischen Vorgängerkirche. Hier herrscht eine geradezu meditative Atmosphäre, die den Geist der romanischen Welt spürbar werden lässt. Er findet Ausdruck in der Bildhauerkunst des *Kapitell-* und *Friesschmucks*, der

Herz und Verstand des mittelalterlichen Menschen für das Heilsgeschehen öffnen sollte. Die überwiegend alttestamentarischen Darstellungen werden belebt von Tier- und Pflanzenmotiven, die teils naiv, teils äußerst realistisch ausgeführt sind.

Das **Museu capitular** (Di–Sa 10–13 Uhr und 16.30–19 Uhr, So 10–13 Uhr) mit seinen Kunstschätzen findet in den einstigen Kapitelsälen mit ihren herrlichen backsteingemauerten Decken einen würdigen architektonischen Rahmen. In vier Räumen ist eine Fülle von Exponaten mittelalterlicher Sakralkunst untergebracht, von denen hier nur die bedeutendsten erwähnt werden können. Im 1. Saal verdienen eine *Madonnenstatue* der Schutzpatronin der alten romanischen Kirche aus dem 11./12. Jh. und eine *Handschrift* von 975 besondere Beachtung. Bei letzterer handelt es sich um einen Kodex von Abt Beatus von Liébana zur Apokalypse und zum Buch Daniel. Den 2. Saal beherrscht die *Statue Pedros IV.* aus dem 14. Jh., auch Statue Karls des Großen genannt, in mehrfarbigem Alabaster. Der 4. Saal beherbergt den einzigartigen Schöpfungs-Wandteppich **Tapiz de la creación** aus dem 11./12. Jh. Das weltweit einzig erhaltene, 4,15 x 3,65 m große romanische Textilkunstwerk zeigt gestickte Darstellungen der Genesis, u. a. das Urmeer, die Erschaffung der Welt,

der Tiere (sogar Fische mit Hundeköpfen sind hier vertreten) sowie Allegorien der Jahreszeiten und Monate. Die Stickereien gruppieren sich um ein Bild von Christus als Weltenherrscher im kreisförmigen Zentrum.

Südlich der Kathedrale liegt der Apostelplatz, die **Plaça dels Apòstols**, an dessen Ostseite im ehem. Bischofspalast das Kunstmuseum untergebracht ist, das **Museu d'Art** ❷ (März–Sept. Di–Sa 10–19, sonst bis 18 Uhr, So 10–14 Uhr). Die umfangreiche Ausstellung ist museumsdidaktisch und behindertengerecht vorbildlich gestaltet. Sie zeigt – und erklärt auch in der Blindenschrift Braille – auf fünf Etagen Exponate von vorromanischer Zeit bis zur Gegenwart. Liebhaber romanischer und gotischer Sakralkunst werden hier ebenso fündig wie Bewunderer des Modernisme, des katalanischen Jugendstils, der u. a. mit einigen Gemälden von Santiago Rusiñol und Rafael Masó i Valentí vertreten ist.

Südwestlich des früheren Bischofspalastes erheben sich zwischen den Straßen *Dr. Oliva i Prat* und *Carrer de la Força* die hohen Gebäude von **El Call** ❸, dem ehem. jüdischen Viertel, auch *Aljama* genannt. Kultur und wirtschaftliche Existenz der Stadt wurden fast das gesamte Mittelalter hindurch von ihrer jüdischen Gemeinde maßgeblich mitgestaltet. Das

Der Schöpfungsteppich im Museu capitular zeigt Christus als Ursprung aller Lebewesen

Die Sephardim von Girona

Das jüdische Viertel in Girona gehört baulich zu den besterhaltenen Spaniens und war über 600 Jahre lang Heimat der nach Barcelona wichtigsten jüdischen Gemeinde Kataloniens. **Sephardim**, *wie sich die spanisch-portugiesischen Juden nannten, ließen sich erstmals im Jahr 890 mit 25 Familien in Girona nieder. In seiner Blütezeit bewohnten ca. 300 Menschen das jüdische Viertel, das 1160 erstmals schriftlich als* **Call** *belegt ist. Seine Einwohner standen unter dem Schutz des Magistrats von Girona sowie des Königs, der wiederum Tribut forderte.*

Eine herausragende Rolle für die hebräischen Philosophie kam der Kabbala-Schule von Girona zu. Einer der bedeutendsten Vertreter dieser jüdischen Geheimlehre und Mystik war der 1194 in der Carrer Sant Llorenç geborene spätere Großrabbi Kataloniens **Mossé Ben Nahman**.

Der heutige Charakter des Viertels, dessen Bebauung nicht mehr dem historischen Call entspricht, weckt kaum noch Vorstellungen davon, wie ungemein geschäftstüchtig und erfolgreich Gironas Sephardim waren. Als Finanziers, Bankiers und Immobilienmakler übten sie im Mittelalter tiefgreifenden Einfluss auf die Wirtschaft Kataloniens aus. Ihre Fähigkeiten eröffneten ihnen hochrangige Positionen, als politische und finanzielle Ratgeber waren sie selbst für die Krone unverzichtbar. Damit zogen die Juden jedoch Neid und Hass auf sich, was während der Inquisition zu Pogromen und schließlich 1492 zu ihrer Ausweisung aus Spanien führte. Der wirtschaftliche Niedergang Spaniens ab dem 16. Jh. ist nicht zuletzt diesem **Zwangsexodus** *zuzuschreiben. 500 Jahre vergingen, ehe König Juan Carlos 1992 das jüdische Volk offiziell dafür um Vergebung bat.*

ursprüngliche *El Call* bildete ein Gewirr schmaler dunkler Gassen mit der Carrer de la Força als Hauptachse, die entlang der ehem. römischen Via Augusta verlief. Einen Besuch lohnt in der steilen Carrer de Sant Llorenç das **Centre Bonastruc ça Porta** (März–Sept. Mo–Sa 10–21, sonst bis 18, So 10–14 Uhr), das sich dem Erbe der jüdischen Kultur in Girona widmet. Am nördlichen Ende der Carrer de la Força liegt das **Museu d'història de la ciutat** ❹ (Di–So 10–14, Di–Sa 17–19 Uhr). In einer bunten Mischung informieren Exponate über die Geschichte der Stadt, von archäologischen Fundstücken aus römischer Zeit bis zu einer Sammlung über die seit dem 16. Jh. wirtschaftlich bedeutende Buchdruckerei.

Vom Kathedralplatz geht es durch die *Pujada Rei Martí*, dann rechts in die Straße *Rei Ferran el Catòlic* zu **Els Banys Àrabs** ❺, den Arabischen Bädern (April–Sept. Di–Sa 10–19, sonst bis 14, So 10–14 Uhr). Der Name ist irreführend, da das erste Badehaus an dieser Stelle ca. 400 Jahre nach der maurischen Periode errichtet wurde. 1283 wurde es im Krieg gegen den französischen König Philipp den Kühnen zerstört und zehn Jahre später in seiner jetzigen Gestalt wiederaufgebaut. Bis Anfang des 15. Jh. diente das Gebäude

als *öffentliche Badeeinrichtung*, ehe es in den Besitz des Hauses von Capmany und ab 1617 eines Kapuzinerklosters überging. Nach seiner Restaurierung in den 30er-Jahren des 20. Jh. stellt der Komplex

Els Banys Àrabs, noch heute wunderschön

Ruhig und stimmungsvoll fließt der Ríu Onyar durch die Altstadt von Girona

wieder ein Juwel profaner romanischer Architektur dar. Das Portal mit einem Hufeisenbogen führt durch einen Vorraum ins Innere, das sich in vier Räume unterteilt. Der erste und größte war der Umkleide- und Ruheraum (*Apodyterium*), in dessen Mitte ein oktagonales Becken steht. Hier entfaltet sich vollkommene **Raumharmonie**. Zierliche Säulen mit feinem, in pflanzlichen Motiven ornamentiertem Kapitellschmuck umstehen den Beckenrand und tragen über Hufeisenbögen eine lichtdurchflutete Kuppel. Der anschließende Raum diente kalten Bädern (*Frigidarium*). Der dritte Bereich war lauwarm (*Tepidarium*) temperiert. Hier konnte man sich von den Dampfbädern entspannen, die im vierten Raum (*Caldarium*) angeboten wurden.

Unweit nördlich der Bäder führt der *Carrer Rei Ferran el Catòlic* zum jenseits des Ríu Galligants gelegenen **Museu Arqueològic** ❻ (Juni – Sept. Di – Sa 10.30 – 13.30 und 16 – 19, sonst bis 18, So 10 – 14 Uhr). Das 1846 gegründete Museum ist eines der ältesten Kataloniens und fand bereits 1857 in dem ehem. Benediktinerkloster **Sant Pere des Galligants** seinen Platz. Aus der Zeit vor der Jahrtausendwende ist ein Vorgängerbau belegt, aus dem im 12. Jh. das heutige

Gebäude hervorging. Das mit geometrischen Mustern sowie figürlichen Ornamenten geschmückte Gewändeportal führt in eine dreischiffige Basilika. Die Steinmetzarbeiten im Inneren, u.a. an den Kapitellen der Mittelschiffpfeiler, am mächtigen Maßwerkrad des Rosettenfensters und im Kreuzgang, sind von bestechender Qualität. Welch eine Aura für eine archäologische Sammlung! Am interessantesten sind die Exponate der iberischen Epoche und der römischen Periode Gironas im oberen Geschoss des Kreuzgangs sowie aus Empúries im nördlichen Seitenschiff bzw. in der alten Sakristei. Die hebräischen Steintafeln im Erdgeschoss des Kreuzgangs gehörten ursprünglich zu Gräbern des nicht mehr lokalisierbaren jüdischen Friedhofs *Bou d'Or* in Girona.

Wieder zurück über den Galligants, lässt sich die Besichtigungstour in Richtung des Flusses Onyar fortsetzen und führt zunächst durch die *Pujada Rei Martí* zu dem westlich davon gelegenen Gotteshaus **Sant Feliu** ❼. Die frühere Stiftskirche (13. – 16. Jh.) mit ihrem markanten Glockenturm war einst direkt an die Stadtmauer angebaut, was ihren wehrhaften Charakter erklärt. Ein frühchristlicher Vorgängerbau wurde wahr-

und des Marktviertels angefügt. Ein Relikt aus jener Zeit sind auch die einstigen, zu Wohngebäuden umgebauten Wachtürme zu beiden Seiten der steinernen *Pont de Pedra*. Flussaufwärts führt eine weitere Fußgängerbrücke wieder zur Altstadtseite hinüber, wo die **Rambla de la Libertad** ⑨ zum Flanieren entlang hübscher Laubengänge einlädt. Östlich davon liegt das Einkaufsviertel der Altstadt, das mit schicken Geschäften, Cafés und Restaurants in historischem Ambiente aufwartet.

Häufig bevölkern Studenten die Treppen der unweit nordöstlich gelegenen *Pujada Sant Domènec*, die zur 1443 gegründeten **Universidad Vieja** ⑩ führt, dem noch heute genutzten Gebäude der Alten Universität. Die Fassade stammt aus der Renaissance und zeigt ein steinernes Wappen der Habsburger, die die Universität von Girona im 16.–18. Jh. maßgeblich förderten.

Praktische Hinweise

Information: Oficina de Turisme, Rambla de la Llibertat 1, Tel. 9 72 22 65 75, Fax 9 72 22 66 12

Hotels

**** **Carlemany**, Plaça Miquel Santaló s/n, Tel. 9 72 21 12 12, Fax 9 72 21 49 94. Das beste Hotel am Platz bietet jeglichen Komfort. Konferenzraum und Diskothek im Haus.

** **Pension Bellmirall**, Carrer Bellmirall 3, Tel. 9 72 20 40 09. Hübsches, nicht ganz billiges Hostal mit nur wenigen Zimmern. Mitten in der Altstadt, nahe der Kathedrale gelegen.

* **Peninsular**, Carrer Nou 3, Tel. 9 72 20 38 00, Fax 9 72 21 04 92. Kleines Hotel in zentraler Lage nahe der Altstadt. Fahrradverleih.

Restaurants

Café le Bistrot, Pujada Sant Domènec 4, Tel. 9 72 21 88 03. Starker Kaffee, feine Kuchen im ehem. Judenviertel.

Cal Ros, Cort Reial 9, Tel. 9 72 21 73 79. Stimmungsvolles Lokal mit katalanischer Küche, z.B. *Escudella i carn d'olla* (Fleischeintopf).

La Magrana, Carrer Lluís Batlle i Prats 4, Tel. 9 72 20 04 17. Gepflegtes Restaurant mit einfallsreicher Küche.

scheinlich schon im 4. Jh. an dieser Stelle über einem Friedhof errichtet, in dem u.a. das Grab des Märtyrers und Stadtheiligen Felix vermutet wird. Im **Kircheninneren** zeigen sich unterschiedliche Stilelemente, inbesondere aus der romanischen Epoche, die sich jedoch dem gotischen Gesamtkonzept unterordnen. Beeindruckend und mit plastischer Lebendigkeit gearbeitet sind die acht, im 3./4. Jh. aus Italien eingeführten **Sarkophage** in Wandnischen zu beiden Seiten des Chors. Die Reliefszenen auf zwei von ihnen sind der antiken Mythologie entnommen, während die Darstellungen der anderen sechs sich auf alttestamentarische Themen beziehen. Ebenfalls im Chor, am Eingang der 1782 eingeweihten, barocken *Sant Narcis-Kapelle*, ist die Figur des ruhenden Christus einer näheren Betrachtung wert, ein Meisterwerk aus der Mitte des 14. Jh.

In wenigen Minuten gelangt man von Sant Feliu durch eine Hauspassage über den *Passatge Miquel Gómez* an das jenseitige Ufer des Onyar. Hier folgt man dem *Passeig Josep Canalejas* ein Stück in südlicher Richtung. Auf der gegenüberliegenden Flussseite bieten die **Cases de l'Onyar** ⑧ einen reizvollen Anblick. Die Häuser wurden im späten Mittelalter an die Umfassungsmauern der Altstadt

Noch heute sieht man im Poblat Ibèric die Fundamente der einstigen iberischen Großstadt

16 Poblat Ibèric

Die Entdeckung iberischer Kultur.

Das kleine Dorf **Ullastret** mit mittelalterlichem Ortskern und einer Pfarrkirche aus dem 11. Jh. liegt in der landwirtschaftlich intensiv genutzten Flussebene des Daró. 1947 stieß man unweit östlich auf die steinernen Überreste des sog. Iberischen Dorfes, des Poblat Ibèric (Juni–Sept. Ausgrabungsstätte und Museum Di–So 10–20 Uhr, Okt.–Mai Ausgrabungsstätte Di–So 10–18 Uhr, Museum 10–14 und 16–18 Uhr).

Vermutlich bereits Ende des 7. Jh. vom Stamm der Indiketen gegründet, wurde die größte **iberische Siedlung Kataloniens** auf einer Insel inmitten eines heute trockengelegten Sees angelegt und stark befestigt. Einen Eindruck von der wehrhaften Struktur vermittelt die restaurierte, 4–5 m hohe und mit sechs Rundtürmen verstärkte **Schutzmauer** im Westen und Süden. Auf dem Ausgrabungsgelände sind Reste von gepflasterten Straßen, Zisternen und mehr als 200 Getreidesilos zu sehen, die größtenteils aus dem 3. Jh. v. Chr. stammen. In dieser Zeit wurde wohl auch der Tempel auf dem zentralen Hügel errichtet, über den religiösen Kult der Iberer ist jedoch so gut wie nichts bekannt. Dasselbe gilt für ihre politische Organisation, obwohl die erhaltenen Fundamente öffentlicher und privater Häuser auf eine feudal geprägte Sozialordnung schließen lassen. Sicher ist, dass die ersten Spanier Ackerbau und Viehzucht betrieben, daneben aber auch über Kenntnisse im Bergbau verfügten sowie Handelskontakte mit Phöniziern und Karthagern pflegten. Mit letzteren verbündeten sich die Iberer im 2. Punischen Krieg, doch die Römer siegten, und ihre Übermacht im nahen Empúries bedeutete das Ende des Ortes, der Anfang des 2. Jh. v. Chr. verlassen wurde.

Einen interessanten Einblick in die noch weitgehend unerforschte Kultur der Iberer bietet das **Museum** im Südosten der eingezäunten Grabung. Es präsentiert lokale Funde, etwa Gegenstände aus Eisen, Kupfer, Bronze und Silber sowie Münzen und Keramik.

Praktische Hinweise

Restaurant

El Fort, Carrer de la Presó 2, Ullastreet, Tel. 9 72 75 77 73. Katalanische und mexikanische Küche. Stimmungsvoll speist man auf der von mittelalterlichen Mauern umgebenen Terrasse.

TOP TIPP 17 Peratallada

Traumerscheinung aus dem Mittelalter.

An dem südöstlich von Ullastret gelegenen Dorf scheinen die Jahrhunderte spur-
los vorübergegangen zu sein. So jeden-
falls wirkt die Gesamtansicht des Ortes,
der von **Mauern** und einem aus dem **Fels**
gemeißelten Wall umzogen ist. Daher
rührt auch der Name des 1065 erstmals
urkundlich erwähnten Peratallada: *Pedra
tallada* bedeutet ›aus Stein gehauen‹.

Vor den Mauern sind zwei Parkplätze
ausgeschildert. Nur zu Fuß kann man
über eine steinerne Brücke, die das Flüss-
chen *Riera Nova* überspannt, und durch
ein mächtiges Tor das denkmalgeschützte
Städtchen betreten. Auf einem Spaziergang durch die engen Gassen erschließt
sich historisches Ambiente, etwa auf der
gepflasterten *Plaça de les Voltes*. Die ältesten Gebäude des Dorfes datieren aus
dem 11. Jh. und gehören zum stolzen
Castell de Peratallada, das sogar den
Glockenturm der Pfarrkirche *San Este-
ban* überragt. In der Burg wurde vor wenigen Jahren ein Nobelhotel eingerichtet.

*Zum zwanglosen Gedankenaustausch trifft
man sich vor den Toren von Peratallada*

Praktische Hinweise

Information: Oficina de Turisme,
Carrer la Roca 2, Tel. 9 72 63 40 34

Hotel

**** **Castell de Peratallada**, Plaça
del Castell s/n, Tel. 9 72 63 40 21,
Fax 9 72 63 40 11. Die historische Burg
im Ortszentrum wurde geschmackvoll
zu einem luxuriösen Hotel ausgebaut.

Restaurant

La Roca, Carrer de la Roca s/n,
Tel. 9 72 63 41 72. Rustikale Landküche
in ebensolchem Ambiente. An lauen
Sommerabenden ist der Aufenthalt im
Garten besonders angenehm.

*Die Silhouette von Pals bestimmt der
urtümliche, runde Stundenturm*

Wie eine natürliche Festung beherrscht der Fels von Begur Städtchen und Umland

18 Pals

Mittelalterliches Freiluftmuseum.

Die rund 1700 Einwohner von Pals sind stolz auf ihre um einen Hügel, zum großen Teil aus Naturstein erbaute **Vila Vela**, die prächtige mittelalterliche Altstadt. Sie wird von einer Stadtmauer aus dem 13.–16. Jh. umgeben. In den schmalen Gassen ist Autoverkehr nicht zugelassen, und das gesamte historische Ensemble wurde sorgfältig restauriert. Leider scheinen viele Häuser unbewohnt zu sein, und sogar die zahlreichen Keramikgeschäfte sind nicht frei von einem gewissen musealen Touch. Die Bebauung des geschlossen unter Denkmalschutz stehenden Ortes ist zugegebenermaßen wundervoll, doch dem Zentrum fehlt der Puls des Alltagslebens, das in der weitgehend gesichtslosen Unterstadt zuhause ist.

Trotzdem lohnt sich ein Spaziergang durch die Vila Vela, der am höchsten Punkt des Hügels auf der schattigen *Plaça d'Església* vor der romanischen Pfarrkirche **Sant Pere** endet. Sie wurde 1478 gotisch umgebaut, wozu das barocke Portal aus dem 18. Jh. nicht so recht passen will. Die Altstadt überragt als einziges Überbleibsel des einst so stolzen Castell Monteáspero der runde **Torre de les Hores**, der Stundenturm.

Information: Patronat de Turism, Carrer Aniceta Figueres 6, Tel. 9 72 66 78 57, Fax 9 72 66 78 18

Hotel

 ✱✱✱✱✱ **Mas de Torrent**, Afores de Torrent, Torrent (südwestlich von Pals), Tel. 9 72 30 32 92, Fax 9 72 30 32 93. Das Großgehöft aus dem 18. Jh. wurde in ein modernes Luxushotel mit 30 Zimmern umgewandelt. Swimmingpool im Garten. Tennisplätze und Fahrradverleih. Ein angegliederter Golfplatz bietet die Möglichkeit, sein Handicap zu verbessern.

 **19 Begur**

Städtebauliches Juwel rings um einen markanten Hügel.

Die strahlend weißen Häuschen von Begur breiten sich etwa 4 km von der Küste malerisch am Fuß eines rund 200 m hohen, buschbestandenen Hügels aus. Der Ort wird optisch dominiert von den Überresten eines kreisrunden **Castells**, das im 11. Jh. geschickt in das steile Felsennest gebaut wurde, das den Hügel krönt. Die heute noch erhaltenen mageren Mauerreste der 1067 erstmals erwähnten Burg ragen kaum noch über die meterhohen Felsen hinaus, gelten aber seit 1934 als nationales Monument. Bemerkenswert ist der weite **Blick**, der sich vom Burghügel öffnet. Bei klarem Wetter reicht er über das felsenreiche *Cap de Begur* zu den Medes-Inseln und sogar bis Roses. Landeinwärts flachen die Hügel zur Ebene des Empordà hin ab.

Im Ortsbild von Begur fallen mehrere runde steinerne Wachtürme auf, die z. T. noch vollständig erhalten sind. Diese 10–12 m hohen **Atalayas** entstanden im 16. Jh. zum Schutz der Siedlung vor Piratenüberfällen. Entsprechend schwierig ist der Zugang, eine Tür befindet sich erst im 1. Stock und kann nur über eine Leiter erreicht werden. Die **Atmosphäre** des im Sommer vielbesuchten Städtchens ist wohltuend unspektakulär. Dabei ist ein Spaziergang durch die in weiten Teilen erhaltenen mittelalterlichen Gassen ein

Farbenprächtig locken die landestypischen Töpferwaren in den Straßen von Pals

Die Eichenwälder um Palafrugell sorgen dafür, daß weiterhin die Korken knallen

Genuss, vor allem in der Fußgängerzone um die kleine Kirche im Ortszentrum. Hier sind viele der meist zweistöckigen Häuser mit grünen Laubengängen geschmückt, Geschäfte bieten Kunsthandwerk und Souvenirs an. Unübersehbar ist die internationale Vielfalt des kulinarischen Angebots.

Ausflüge

Von Begur schlängelt sich eine gut ausgebaute Straße die üppig bewachsenen Hänge hinunter zu den kleinen Buchten nördlich und südlich des *Cap de Begur*. Einen Besuch lohnen die meist etwas kiesigen Strände der Dörfer **Sa Tuna** sowie **Aiguafreda** und **Sa Riera**, wo sich an der im Prinzip felsigen Küste idyllische Plätze finden lassen.

Ein nicht gerade billiges Terrain für Ferienhäuser erstreckt sich an den Hängen oberhalb von **Aiguablava** und **Fornells**. Das sind Buchten für ein betuchtes Publikum. In Aiguablava, wörtlich ›blaues Wasser‹, führen vom Ende der Straße Stufen zu einem Bootshäuschen am kleinen Strand. Das Wasser ist klar, die Bucht einladend friedlich – hier möchte man einige Tage bleiben!

Praktische Hinweise

Information: Patronat de Turisme, Plaça Església 8, Begur, Tel. 9 72 62 40 20, Fax 9 72 62 35 88

Hotels

 **** Aiguablava, Platja de Fornells, Tel. 9 72 62 20 58, Fax 9 72 62 21 12, Internet: www.aiguablava.com. Das Haus besticht durch die Lage direkt an kleiner Felsenbucht, freundlichen Service und exzellente Küche im gleichnamigen Restaurant. Mehrere Zimmer mit eigener Terrasse zum Meer hin, im hinteren Teil des Hauses mit Blick auf den ausgedehnten Garten.

**** Parador de Aiguablava, Platja d'Aiguablava, Tel. 9 72 62 21 62, Fax 9 72 62 21 66. Nüchternes Luxushotel, idyllisch über steilen Klippen und kleinem Sandstrand gelegen.

Restaurant

 Can Torrades, Carrer Concepció Pi Tató 5, Begur, Tel. 9 72 65 28 81. Im Winter nur am Wochenende geöffnet. In Landhausambiente werden ausgezeichnete Gerichte zu moderaten Preisen serviert.

An den Stränden um Begur und Palafrugell feiert man die Feste wie sie fallen

Sonnenanbeter und Wasserratten tummeln sich im Sommer in der Bucht von Tamariú

20 Palafrugell

Erstklassige Korken für spanischen Sekt.

Die größte Stadt der mittleren Costa Brava (20 000 Einw.) liegt etwa 1,5 km von der Küste entfernt und ist bekannt als Geburtsort des katalanischen Schriftstellers **Josep Pla** (1897–1981), der sich in seinen Werken eingehend mit den Kulturtraditionen der Costa Brava beschäftigt hat. Vor wenigen Jahren wurde neben seinem Geburtshaus in der Carrer Nou 51 das kleine Museum **Fundació Josep Pla** (Mo–Fr 10–13 und 17–20, Sa 10–12 Uhr) eröffnet. Seine Bibliothek ist vor allem für Studierende und Wissenschaftler interessant, umfasst sie doch rund 5000 Bücher zu katalanischer Literatur sowie einige Manuskripte Plas.

Von großer wirtschaftlicher Bedeutung war und ist für das im Mittelalter gegründete Palafrugell die Korkverarbeitung. Sie basierte auf der im 18. Jh. sprunghaft angestiegenen Nachfrage nach Wein- und Sektkorken. Die alte, 1904 im Stil des Modernisme erbaute Korkfabrik **Fábrica de Suro Armstrong** dient heute als Industriedenkmal, die Produktionsstätten wurden in ein anderes Gebäude verlegt. Mit ihrer historischen und technischen Dokumentation lädt das Korkmuseum **Museu del Suro** (Di–Sa 10–13 und 17–21, So 10.30–13.30 Uhr) in der Carrer Tarongeta ein zu Betrachtungen über die überraschende Vielfalt eines ungewöhnlichen Materials.

Ausflüge

Touristisch spielt die Musik an einigen der landschaftlich schön gelegenen Buchten, die sich, von begrünten Hügeln eingefasst, östlich und südöstlich von Palafrugell aneinanderreihen. Im Sommer belebt sich etwa die kleine, 1,5 km von Palafrugell entfernte sandige **Platja de Tamariú**. Sie zieht sich rund 150 m lang um den Scheitelpunkt einer tief eingeschnittenen, gleichmäßig geformten Bucht, der die hier wachsenden Tamarindenbäume ihren Namen gaben.

TOP TIPP

Praktische Hinweise

Information: Oficina Municipal de Turisme, Carrer Carrilet 2, Palafrugell, Tel. 9 72 30 02 28, Fax 9 72 61 12 61

Hotels

*** **Hostalillo Hesperia**, Carrer Bellavista s/n, Tamariú, Tel. 9 72 62 02 28, Fax 9 72 62 01 84. Angenehme, kleinere Anlage über dem felsigen Teil der Bucht, alle 70 Zimmer mit Meeresblick.

* **Tamariú**, Passeig del Mar 2, Tamariú, Tel. 9 72 62 00 31. Nettes, familienfreundliches Hotel am Strand. 24 Zimmer, einige mit Balkon zum Meer.

Anders als in der Modewelt ist der Laufsteg von Calella de Palafrugell für alle da

21 Calella de Palafrugell

Wenn am Abend die rote Sonne im Meer versinkt, erklingen die Havaneres.

Calella, wie ihn die Einheimischen kurz nennen, ist ein weiterer beliebter **Badeort** vor der Haustür von Palafrugell. Der meist grobsandige Strand des pittoresken Dorfes erstreckt sich, immer wieder von Felsen unterbrochen, über mehrere Buchten und zieht vor allem katalanische Feriengäste an, die seit Generationen hier ihre Wochenendhäuser aufsuchen. Auch wenn in den Sommermonaten die **Urlaubsstimmung** hohe Wellen schlägt, präsentiert sich die Costa Brava hier doch eher von ihrer individualtouristischen Seite. Probieren sollte man in Calella de Palafrugell den *Cremat*, Kaffee mit Rum und Zimt. Es heißt, das Rezept dieser lokalen Spezialität sei über Jahrhunderte mündlich tradiert worden.

Kultureller Höhepunkt des Jahres ist die **Cantada d'Havaneres** am 1. Samstag im Juli. Das Liederfestival bewahrt die Erinnerung an alte, ursprünglich aus Kuba und von anderen karibischen Inseln stammende Melodien, die von Seeleuten nach Katalonien gebracht wurden. Begleitet werden die *Havaneros*, die Sänger der oft schwermütig klingenden Weisen, von Gitarre und Akkordeon.

In **Cap Roig** unweit südlich von Calella – nicht zu verwechseln mit dem Cap Roig bei Platja d'Aro – liegt der **Jardí Botànic de Caixa de Girona** (im Sommer tgl. 9–19.30, im Winter bis 18 Uhr). Ein russischstämmiger Oberst legte diesen Botanischen Garten 1927 an, als er sich mit seiner englischen Frau hier niederließ. Der 8 ha große *Landschaftsgarten* bietet abwechslungsreiche mediterrane Flora. Der Rundgang führt vorbei an einem kleinen Schloss und über Terrassen zu einem Kakteengarten. Vom nahe gelegenen **Aussichtspunkt** oberhalb der kleinen *Formigues-Inseln* überblickt man einen großen Teil der Felsküste.

Praktische Hinweise

Information: Patronat de Turisme, Carrer de les Voltes 4, Calella de Palafrugell, Tel. 9 72 61 44 75

Hotel

*** **Sant Roc**, Plaça Atlantic 2, Calella de Palafrugell, Tel. 9 72 61 42 50, Fax 9 72 61 40 68, Internet: www.santroc.com. Ruhiges, sehr schön auf einer Klippe gelegenes Hotel mit herrlichem Blick auf den hauseigenen Garten und die darunterliegende Bucht.

22 Palamós

Reger Hafen, flankiert von schönen Stränden.

Nicht nur der Tourismus prägt das Leben der 14 000 Einwohner von Palamós, obwohl der breite **Sandstrand** dafür günstige Voraussetzungen bietet. Trotz des Hotel- und Apartmentgürtels um die Altstadt sind Wirtschaft und Handel für die umtriebige Hafenstadt nach wie vor von zentraler Bedeutung.

Palamós wurde 1277 gegründet, und bald entwickelte sich dank der in dieser Gegend einst dichten Eichenwälder eine blühende **Kork verarbeitende Indus-**

trie, für die 1279 ein großer Hafen angelegt wurde. Von ihm nahm Ende des 13. Jh. die Eroberung Siziliens unter Pedro de Aragón ihren Ausgang, und auch Juan d'Austria segelte mit der spanischen Armada 1571 von Palamós aus in die Seeschlacht von Lepanto.

Für die Wirtschaft der Stadt ist die Korkverarbeitung heute von untergeordneter Bedeutung, dafür spielt die Fischerei nach wie vor eine große Rolle. Die breite, stark befahrene Uferpromenade zieht sich entlang der **Platja de Palamós**, die auf mehr als 500 m mit hellem Sand, Liegestuhlverleih, Duschen, Wasserwacht und Imbissbuden aufwarten kann. Sie en-

Die ganze wilde Schönheit der Costa Brava zeigt sich um Calella de Palafrugell

det im Osten nahe der *Iglesia Parroquial Santa Maria del Mar*. Bei der einfachen gotischen Pfarrkirche beginnt auch die **Altstadt**, die sich auf einer kleinen, etwas erhöhten Landzunge drängt. In ihrem Westen liegen die ausgedehnten Anlagen des alten *Fischerei- und Industriehafens*. Im Osten der Halbinsel entstand der moderne **Jachthafen** mit *Club Nàutic*. Jeden Dezember findet vor der hiesigen Küste das *Christmas Race* statt, bei dem die für Olympia qualifizierten Segler ihre Fähigkeiten messen.

Information: Patronat de Turisme i Oficina Municipal d'Informació Turística, Passeig del Mar 8, Tel./Fax 9 72 60 05 50

Hotel

*** **Trias**, Passeig del Mar s/n, Tel. 9 72 60 18 00, Fax 9 72 60 18 19. Unweit des Hafens, direkt an der Uferpromenade gelegen, fällt das achtstöckige Hotel neben seinen teils weit höheren Nachbargebäuden angenehm auf. Kleiner Garten mit Swimmingpool.

* **Hostal Maria**, Carrer Allada 18, Tel. 9 72 31 46 21. Ruhig gelegenes, einfaches Haus nahe der Altstadt. Auch zum Hauptstrand ist es nicht weit.

23 Platja d'Aro

Opus und Opfer des Touristikbooms.

Platja d'Aro dient wie das weiter südwestlich gelegene Lloret de Mar als *Negativbeispiel* des Massentourismus an der Costa Brava. Der Badeort entstand erst vor rund 30 Jahren als Vorort des weiter landeinwärts gelegenen, noch heute recht idyllischen **Castell d'Aro** und hat während der vergangenen Jahrzehnte beängstigende Ausmaße angenommen. Während der Saison lockt der breite, kilometerlange helle **Sandstrand** Sonnenhungrige und Surfer an. Ihn säumen hochaufragende Hotel- und Apartmentanlagen. Entlang der Uferpromenade und in den Straßen der strandnahen Neubauviertel wirbt eine unübersehbare Zahl von Restaurants und Bars, Sportschulen, Touranbietern, Autoverleihern und Souvenirläden um Kunden.

Nicht weniger turbulent geht es in dem nahen Wasserpark **Aquadiver** zu (im Sommer tgl. 10 Uhr bis Sonnenuntergang), wo mehrere Rutschen, ein Wellenbad sowie Thermal- und Schwimmbecken Badevergnügen versprechen. Der Eintrittspreis richtet sich nach der Körpergröße: Kleine zahlen weniger.

Im Sommer ist Platja d'Aro (1000 Einw.) wie eine mittelgroße Stadt bevölkert, in den Wintermonaten wirkt es nahezu ausgestorben. Dann schließen auch

Erste Wahl für Feinschmecker ist das Restaurant Big Rock bei Platja d'Aro

An Jugendstil und den Lauf der Zeit erinnert die Sonnenuhr von Sant Feliu

viele der Einrichtungen, die die Ferien-
maschine bedienen. Ob dieses Spektakel
Besichtigungswert besitzt, muss jeder
Reisende für sich entscheiden.

Information: Patronat de Turisme,
Mossén Jacint Verdaguer 11,
Tel. 9 72 81 71 79, Fax 9 72 82 56 57

Hotels

**** **Columbus**, Passeig de Mar 100,
Tel. 9 72 81 71 66, Fax 9 72 81 75 03.
Luxushotel in der 1. Reihe am Strand
mit Swimmingpool und Tennisplätzen.

*** **Bell Repós**, Carrer Verge de Carme
18, Tel./Fax 9 72 81 71 00. Familiäres,
zentral gelegenes Haus, einige 100 m
vom Strand entfernt.

*** **Cosmopolita**, Passeig Marítim/
Pineda del Mar 30, Tel. 9 72 81 73 50,
Fax 9 72 81 74 50. Bodenständiges,
einfaches Hotel direkt am Strand.

Restaurant

Big Rock, Barri de Fanals 5,
Platja d'Aro, Tel. 9 72 81 80 12,
Fax 9 72 81 89 71. So nachm. geschl.
Das Traditionsrestaurant in einem um-
gebauten Gutshof des 17. Jh. bietet
köstliche regionaltypische Küche
(*Mar i montanya*, ›Fisch und Wild‹).
Reservierung erforderlich.

24 Sant Feliu de Guixols

Kurzer Strand, umgeben von viel Grün.

Das gemäßigte Klima und die malerische, waldreiche Umgebung ließen Sant
Feliu de Guixols (18 000 Einw.) bereits
Ende des 19. Jh. zu einem **Erholungsort**
werden. Die Entwicklung wurde hier jedoch nicht zu stark auf den Tourismus
zugeschnitten, sodass die im Mittelalter
nach Palafrugell zweitwichtigste Stadt
des Empordà auch heute wenig von ihrer
Authentizität eingebüßt hat und ohne
Zweifel einer der interessantesten Küstenorte der Costa Brava ist.

Sant Feliu de Guixols hat ein traditi-
onsreiches und ein jüngeres Gesicht. Umgeben von ausgedehnten Neubauvierteln
liegt zwischen Bucht und Altstadtkern
die Uferpromenade. Sie zieht sich entlang des rund 400 m langen, bis zu 30 m
breiten, sandigen Hausstrandes **Platja
Sant Feliu**. Den bereits 1834 angelegten
Passeig del Mar säumen historische
ebenso wie moderne Fassaden. Ins Auge
fallen beispielsweise der Jugendstilbau
des **Casino dels Nois**, das 1999 seinen
110. Geburtstag feiert, oder das Haus Nr.
40, die **Casa Patxot**, mit der Handels-
kammer, in der eine Ausstellung von
Korkarbeiten eingerichtet wurde.

Mittelpunkt der Altstadt ist die **Plaça
del Mercat**. Die *Alte Markthalle* an ihrer
Seite stammt von 1929 und ist an der
starkfarbigen Jugendstil-Sonnenuhr über
dem Eingang deutlich zu erkennen.

Sehenswert ist die unweit westlich an der *Plaça Monestir* gelegene Kirche aus dem 14. Jh. mit ihrem Kreuzgewölbe und den plastisch gearbeiteten Bandreliefs. Sie war Teil eines nicht mehr existenten **Benediktinerklosters**, das bereits 968 urkundlich erwähnt wurde. Es war dem legendenumrankten hl. Felix geweiht, der in der hiesigen Bucht ertränkt worden sein soll. Ungeklärt ist, wozu die der Fassade vorgesetzte **Porta Ferrada**, das Eiserne Tor, aus dem 9./10. Jh. mit einer dreiteiligen romanischen Arkadengalerie diente.

Auf dem **Friedhof** von Sant Feliu am südlichen Stadtrand befindet sich das Grab von Puig i Cadafalch, einem der großen Architekten des Modernisme. Von der **Ermita Sant Elm** auf dem südwestlich gelegenen, ganze 99 m hohen *Puig i Castellar* hat man eine herrliche **Aussicht** über die Stadt und die raue Felsenküste. Der Erinnerungsstein vor dem zur Einsiedelei gehörenden *Wallfahrtskirchlein Sant Telmus* trägt Verse des Dichters Ferran Argullo, dem die Costa Brava ihren Namen verdankt [s. S. 18].

An das städtische Zentrum schließt sich im Norden die **Platja de Sant Pol** mit einigen prächtigen Jugendstilhäusern an. Sie ist zum Baden besser geeignet als der Hauptstrand, denn sie ist etwas länger und läuft flacher aus.

Entlang der Küste bei Sant Feliu de Guixols tun sich geschützte Buchten und Strände auf

Die auch bei Radfahrern beliebte **Küstenstraße zwischen Sant Feliu de Guixols und Tossa de Mar** gehört zu den landschaftlich *schönsten Strecken* entlang der Costa Brava. Enge Kurven wechseln mit weiten Kehren und geben den Blick frei auf Buchten und Strände der zerklüfteten Küste, von der dicht bewaldete, von Pinien, Stein- und Korkeichen bewachsene Bergflanken steil emporsteigen. Mehrere **Aussichtspunkte** an dieser Strecke ermöglichen einen entspannten Genuss des Panoramas.

Praktische Hinweise

Information: Patronat Municipal de Turisme, Plaça Monestir 54, Sant Feliu de Guixols, Tel. 9 72 82 00 51, Fax 9 72 82 01 19

Hotels

***** **Hostal de la Gavina**, Plaça Rosaleda s/n, S'Agaro (2 km nördlich von Sant Feliu de Guixols), Tel. 9 72 32 11 00, Fax 9 72 32 15 73. Das Hotel ist eine der großen alten Damen der Luxushotellerie Kataloniens und gehört zum erlesenen Kreis der ›Leading Hotels of the World‹. Es beherbergte bereits viele illustre Gäste, wie Liz Taylor, Ava Gardner und Frank Sinatra.

*** **Confortel Caleta Park**, Platja de San Pol, S'Agaro, Tel. 9 72 32 00 12, Fax 9 72 32 40 96. Okt.–März geschl. Das oberhalb des Strandes gelegene Hotel bietet einen schönen Meerblick.

*** **Plaça**, Plaça del Mercat 22, Sant Feliu de Guixols, Tel. 9 72 32 51 55, Fax 9 72 82 13 21. Neu erbautes Stadthotel an dem kleinen zentralen Marktplatz. Mit seinen 16 Zimmern sehr familiär.

Hostal del Sol, Carretera a Palamós 194, Sant Feliu de Guixols, Tel. 9 72 32 01 93, Fax 9 72 82 06 77. Dez.–März geschl. Im Jugendstil erbaute Pension mit großzügigem Garten.

Restaurants

Bahia, Passeig del Mar 17–18, Sant Feliu de Guixols, Tel. 9 72 32 02 19. Gediegene katalanische Fischspezialitäten, etwa *Sepia* (Tintenfisch) mit Reis.

Cau del Pescador, Carrer Sant Domènec 11, Sant Feliu de Guixols, Tel. 9 72 32 40 52. Gepflegtes Fischlokal mit traditionellen Gerichten.

Vom Hang oberhalb der Altstadt bietet Tossa de Mar einen reizenden Anblick

Eldorado Petit, Rambla Vidal s/n, San Feliu de Guixols, Tel. 9 72 32 10 29. Ausgezeichnete Küche mit stets frischen Fischgerichten und Meeresfrüchten.

25 Tossa de Mar

Perle der südlichen Costa Brava.

1933 hielt sich Marc Chagall in der Stadt an der Mündung der *Riera de Tossa* auf und war von ihrem Charme so hingerissen, dass er sie ›blaues Paradies‹ nannte. Ihm folgten andere Künstler und Intellektuelle, durch die das einstige römische *Turissa* auch international bekannt wurde.

Heute zieht Tossa dank seines ausgedehnten feinen weißen *Sandstrände* vor allem junges Publikum und Familien an. Die Verantwortlichen für die touristische Entwicklung Tossas bewiesen ein äußerst glückliches Händchen, sodass sich die rund 800 Jahre alte, historische *Oberstadt* auf einem Hügel am Meer und die

neue, sich nordwestlich anschließende Ortshälfte ohne Bruch ergänzen.

Die **Lage** von Tossa de Mar ist grandios. Geschützt von den *Cadiretes-Bergen* im Norden schmiegt sich das 3000-Seelen-Städtchen an die sandige Bucht mit den sehr sauberen Stränden. Ihr südliches Ende, die **Vila Vela** aus dem 12. Jh., liegt auf einer Halbinsel. Diese mittelalterliche, von Mauern und Wehrtürmen befestigte Altstadt mit ihrer homogenen Bebauung aus hervorragend restaurierten Häusern steht vollständig unter *Denkmalschutz*, ist bewohnt und lebendig. Einladend wirken die Restaurants und Terrassen an den verwinkelten Gassen und Treppen, die zur zentralen *Plaça Pintor* bzw. an einer verfallenen Kirche vorbei zum **Leuchtturm** hinaufführen. Von dort ist die schöne Badebucht der **Platja d'Es Codolar** südlich der Vila Vela zu überblicken. Und jetzt versteht man auch die Worte des Schriftstellers Josep Pla (1897–1981): »Das beste von Tossa ist seine Luft, sein

Licht, sein Profil, seine Farbe, sein Leben …«.

Künstlerische Ergänzung findet der angenehme Eindruck von Tossa in der Gemäldesammlung des kürzlich renovierten **Museu Municipal** (im Sommer Di–So 10–18.30, im Winter Di–So 10–13 und 15–18 Uhr) an der *Plaça Roig i Soler* inmitten der Altstadt. Die Exponate des in dem ehem. Gouverneurspalast untergebrachten Stadtmuseums reichen von der Antike bis zur Moderne. Hier wurde übrigens die erste Abteilung für **zeitgenössische Kunst** in einem spanischen Museum überhaupt eröffnet. Von besonderem Interesse sind die Bilder einiger russischer Maler, allen voran jene von Marc Chagall (1887–1985), der sich in Tossa zu seinem Werk *Der himmlische Violinspieler* inspirieren ließ.

Blickfang an der von Restaurants und Pensionen gesäumten **Strandpromenade** ist das Möwendenkmal. Der *Passeig del Mar* begrenzt die knapp 400 m lange und 50 m breite *Platja Gran* zur **Vila Nova**, der Neustadt, hin. Der saubere, etwas grobe Sand zieht im Sommer stets zahlreiche Besucher an.

Die **Vila Romana** an der *Avinguda del Pelegrí* westlich der *Vila Nova* und nördlich eines kleinen Geschäftsviertels umfasst Reste einer römischen Siedlung aus dem 1.–5. Jh. Zwei Häuser wurden bislang ausgegraben, ein Ende der Arbeiten ist bislang nicht abzusehen.

Praktische Hinweise

Information: Oficina Municipal de Turisme, Avinguda del Pelegri 25, Tel. 9 72 34 01 08, Fax 9 72 34 07 12, Internet: www.infotossa.com

Bar

TOP TIPP **La Luna**, Carrer Abat Oliba 10, Tel. 9 72 34 24 80. Die leckeren und überraschend vielfältigen *Tapas* sind allesamt hausgemacht, zum Teil nach alten Rezepten. Von der Terrasse bietet sich ein toller Blick über die Bucht.

Hotels

*** **Florida**, Avinguda de la Palma 12, Tel. 9 72 34 03 08, Fax 9 72 34 09 53. Freundliches, zentral gelegenes Haus mit kleinem Garten.

** **Diana**, Plaza de Espana 6, Tel. 9 72 34 18 86, Fax 9 72 34 11 03.

Nächtigen in einem Juwel des Jugendstils. Nach Zimmern mit Originalausstattung und Meeresblick fragen!

* **Cap d'Or**, Carrer Apartado 14, Tel. 9 72 34 00 81. Kleiner Familienbetrieb in einer umgebauten ehem. Fischfabrik direkt am Hauptstrand.

Hostal del Mar, Passeig de Mar/Carrer Bernats 16, Tel. 9 72 34 00 80. Günstig lässt es sich in dieser gepflegten kleinen Pension übernachten. Unbedingt Zimmer mit Meeresblick buchen!

Restaurant

Es Congre, Passeig de Mar 43, Tel. 9 72 34 01 38. Hübsches Lokal am Strand. Spezialität des Hauses ist *Paella*.

26 Lloret de Mar

Das Manhattan der Costa Brava.

Angesichts der mehrstöckigen Hotel- und Apartmentbauten, die den Großteil von Lloret de Mar ausmachen, kann man leicht vergessen, dass die Siedlung über 2000 Jahre alt ist. Iberer und Römer wirkten an der Geschichte des Ortes mit, der in nicht allzu ferner Vergangenheit ein verschlafenes Fischerdörfchen war – allerdings mit einem hübschen, bis zu 40 m breiten Sandstrand. Die Wirkungen des ausufernden touristischen Wachstums und seiner Begleiterscheinungen haben es heute zur Unkenntlichkeit entstellt und ein Negativbeispiel produziert. Lloret dient als Studienobjekt des **Massentourismus** samt seiner Schattenseiten. Mit der hier vorhandenen Hoteldichte und dem umfangreichen Angebot an Privatunterkünften übersteigt die Gästekapazität die ca. 15 000 Einwohner um fast das Zehnfache.

Die meist jüngeren Urlauber nutzen die günstigen Angebote überwiegend deutscher, niederländischer oder skandinavischer Charterveranstalter und stürzen sich ins Vergnügen. **Unterhaltung total** ist garantiert, denn in dieser Hinsicht lässt Lloret nichts zu wünschen übrig. Das zweifelhafte Gesamtkunstwerk aus Bettenburgen, Restaurants, Souvenirhöhlen, Supermärkten und Diskotheken gleicht einem Rummelplatz. Wer in der ›Fremde‹ dennoch an Heimweh leidet, wird zur Kur sicher eine Pilsbar mit heimatlich klingendem Namen finden. Die wie mit dem Lineal gezogene Strandpromenade erstreckt sich zwischen dem *Passeig de Agusti Font* und der knapp 1,5 km langen,

Tanzen bis zum Morgengrauen gehört für die jungen Urlauber in Lloret de Mar zum Leben

grobsandigen **Platja de Lloret**. Spätestens ab der Mittagszeit herrscht hier im Sommer undurchschaubares Menschengewimmel. Der schöne, breite und in den letzten Jahren sauberer gewordene Strand geht am nördlichen Ende in drei kleine Buchten über. Dort erhebt sich das viel fotografierte **El Castell** aus dem 20. Jh., das auf einem kurzen Spaziergang am Wasser entlang zwar erreicht, jedoch nicht besichtigt werden kann. Parallel zur Strandpromenade verläuft der *Passeig Jacint Verdaguer*. Hier liegt das **Centro Cultural Verdaguer** (Di – So 11 – 13 und 16 – 20 Uhr), eine Villa des 19. Jh. mit sehenswerter Innenausstattung und Fotografien des historischen Lloret de Mar. Nicht weit davon erhebt sich inmitten des durch Fußgängerzonen kanalisierten Wildwuchses des Billigtourismus die *Plaça de l'Església* mit der Pfarrkirche **Sant Romà** aus der ersten Hälfte des 16. Jh. mit buntem Kachelschmuck an Kuppel und Türmchen.

Ausflüge

Die Barockkirche der zwischen Lloret de Mar und Blanes gelegenen **Ermita Santa Cristina** ist alljährlich am 24. Juli Schauplatz der **Fiesta major**, des Patronatsfestes zu Ehren der hl. Christina. Der Legende zufolge wurde die Leiche der Märtyrerin um das Jahr 300 beim italienischen Bolsena ins Meer geworfen, jedoch später in Lloret unversehrt an Land geschwemmt. Das Wunder wird mit einer **Meeresprozession** der Fischer und dem traditionellen Eintopfessen gefeiert. Am folgenden Tag werden die Feierlichkeiten mit dem Heiratstanz *Les almorratxes* abgeschlossen.

Information: Serveis de Turisme, Plaça de la Vila 1, Tel. 9 72 36 47 35, Fax 9 72 37 13 95

Nachtleben

Casino de Lloret, Dels Esports 1, Tel. 9 72 36 65 12, Fax 9 72 36 31 06. Tgl. 17 – 4 Uhr. An Geldspielautomaten oder beim Roulette kann man sein Glück probieren. Nach einem Gewinn laden mehrere angegliederte Bars und Restaurants zum Feiern ein. An Wochenenden begleiten Musik- und Tanzveranstaltungen das Spielgeschehen.

Disco Tropics, Carrer Ferran Argullo 34. Wie die meisten Diskotheken etwas außerhalb gelegen. Sollte auf einer der drei Tanzflächen kein Platz mehr sein, kann man auf die Terrasse ausweichen. Ab Mitternacht herrscht Trubel.

Hotels

**** **Hostal Roger de Flor**, Turó de l'Estelat s/n, Tel. 9 72 36 48 00, Fax 9 72 37 16 37. Ruhig gelegenes Luxushotel in schönem Gebäude hoch

Aufstieg zu lichten Höhen: Garten Marimurtra über der Felsenküste von Blanes

über dem Rummel des Ortes. 10 min. zum Strand, Swimmingpool im Garten.

**** **Santa Marta**, Platja de Santa Cristina, Tel. 9 72 36 49 04, Fax 9 72 36 92 80. Das außerhalb von Lloret de Mar gelegene Hotel bietet Ruhe und einen eigenen Strand.

*** **La Carolina**, Senia del Barral 72, Tel. 9 72 36 50 58, Fax 9 72 36 88 15. Mit 67 Zimmern ein kleineres Hotel in einer ruhigeren ›Wohngegend‹. Swimmingpool im Garten.

Restaurants

Bar Jimmy's, Carrer Sant Roma 24. Unprätentiöse, auch bei den Einheimischen beliebte *Tapa*-Bar.

El Trull, Urbanisación Playa Canyelles, Tel. 9 72 36 49 28. Etwas außerhalb von Lloret de Mar, aber der Weg lohnt sich, wenn man gepflegte Atmosphäre und leckere Fischgerichte schätzt.

27 Blanes

Vom einstigen gräflichen Besitz am Meer zum allseits beliebten Urlaubsort.

Blanes liegt an der Mündung des *Río Tordera* am südlichen Rand der Provinz Girona um eine langgestreckte Bucht, die sich von der Landzunge Santa Anna im Osten bis zu dem Felsvorsprung Sa Palomera im Westen erstreckt.

Die lebendige Stadt mit ihren rund 25 000 Einwohnern kann als regionale Metropole gelten. Die wichtigsten Wirtschaftszweige sind neben Tourismus Kleinindustrie mit Kork und Textilien sowie Fischerei. Am regen Hafen beginnt auch die **Platja de Blanes**, beliebter aber ist bei Urlaubern der angrenzende Hauptstrand **Platja de S'Abanell**. Mehr als 3 km zieht er sich auf knapp 60 m Breite nach Südwesten hin, stets begleitet von der lebhaften Uferpromenade.

Die geschäftige Innenstadt von Blanes erstreckt sich westlich des Hafens und liegt am Fuß des 166 m hohen Hügels **Sant Joan** mit gleichnamiger Kapelle. Daneben sind die Überreste des bis ins 11. Jh. zurückreichenden **Castell de Sant Joan** zu sehen, von dem nur noch der Turm *Torre del Homenaje* aus dem frühen 16. Jh. erhalten ist. Aufmerksamkeit verdienen im Zentrum einige architektonisch interessante *Bürgerhäuser* des 18. und 19. Jh. in den Straßen Passeig de Dintre und Carrer Ample, in der man auch einen wundervoll gearbeiteten **gotischen Brunnen** entdeckt. Er trägt das Wappen der mächtigen *Vizegrafen Cabrera*, denen Blanes von der Mitte des 11. Jh. bis ins späte 17. Jh. gehörte. Von den Anfängen der Stadt, die als *Blanda* bereits in römischer Zeit bestand, gibt es kaum archäologische Zeugnisse. Unweit nördlich in der Carrer Nou liegt die Pfarrkirche **Santa Maria** (14. Jh.), die einst einen zusammenhängenden Gebäudekomplex mit dem benachbarten Palast der Cabrera aus dem 17. Jh. bildete.

Unbedingt lohnend ist ein Bummel am Hafen entlang der Kais und über die Mole zurück, wenn die **Fischauktionen** und der **-markt** stattfinden (Mo–Fr nachmittags). Hier kann man zusehen, wenn die Fänge angelandet, Netze geflickt oder Boote abgedichtet werden. In den umliegenden Hafenrestaurants wird Fangfrisches vom Tage serviert.

»Kennst du das Land, wo die Zitronen blühn …«. Die Verse aus Goethes *Mignon* sind auf einer Steintafel nachzulesen,

TOP TIPP die inmitten des **Jardí Botànic Marimurtra** (April–Okt. tgl. 9–19, Nov.–März Mo–Fr 10–17, So 10–14 Uhr) aufgestellt wurde. Dieser Botanische Garten ›Meer und Myrte‹ liegt in schöner Hanglage über dem Meer am Paseo Carles Faust 10. Der Deutsche Karl Faust erwarb hier 1924 ein Grundstück, das im Lauf der Jahrzehnte zu dem heute 5 ha großen Areal erweitert wurde. In dem Garten gedeihen 4000 Pflanzenarten aus verschiedenen Klimazonen, u.a. Palmen, Eukalyptusbäume, Zypressen und Kakteen.

Praktische Hinweise

Information: Patronat Municipal de Turisme, Plaça de Catalunya s/n, Tel. 9 72 33 03 48, Fax 9 72 33 46 86

Hotel

*** **Blaumar**, Avenida Villa de Madrid 31, Tel. 9 72 35 13 01, Fax 9 72 35 18 76. Angenehmes Mittelklassehotel in Strandnähe am südwestlichen Stadtrand mit Garten und Swimmingpool.

Restaurant

Patacano, Passeig Cortils i Vieta 12, Tel. 9 72 33 00 02. Beliebtes Traditionslokal, das bald seinen 100. Geburtstag feiern kann. Auch Einheimische schätzen die abwechslungsreiche Fischküche, für Unterhaltung sorgt das bunte Treiben auf der Strandpromenade.

Schau- und Kauflustige erwarten am Nachmittag in Blanes die heimkehrenden Fischer

Barcelona – Spaniens Tor zu Europa

Die **Hauptstadt** der Autonomen Region Katalonien ist mit 1,7 Mio. Einwohnern nach Madrid zweitgrößte Stadt Spaniens. Im gesamten Einzugsgebiet leben knapp 4 Mio. Menschen, damit ist dieser Großraum im ganzen Land am dichtesten besiedelt. Barcelona ist ›in‹. Die Reportagen der Hochglanzmagazine preisen die Mittelmeermetropole an der Mündung des Río Llobregat als wunderschön, elegant, aufregend und weltoffen – nicht umsonst trägt sie den Beinamen **La guapa**, die Hübsche.

Barcelona ist auch eine Stadt der **Kunst** und **Architektur**. Die Maler Joan Miró und Antoni Tàpies wurden in ihr geboren, Picasso verlebte hier seine Jugend, und heutzutage zieht es junge, aufstrebende Designer aus aller Welt in die katalanische Kapitale. Auch architektonisch vereinen sich Altes und Neues auf's Glücklichste. Neben dem **Barri Gòtic**, dem Gotischen Viertel, ist man stolz auf das **Eixample**, die im Zuge der Industrialisierung des 19. Jh. entstandene Stadterweiterung. Dieser Epoche verdankt Barcelona auch seine zahlreichen **Jugendstilbauten**, die maßgeblich zu dem einzigartigen Erscheinungsbild beitragen. Allein die Arbeiten Antoni Gaudís, sei es die eigenwillige Kirche **Sagrada Familia** oder der **Parc Güell**, rechtfertigen den Ruf Barcelonas als experimentierfreudige Stadt der Architektur.

Als **Mittelmeerhafen** wurde Barcelona im Mittelalter reich und mächtig, heute genießt man die vielen Freizeitmöglichkeiten, die die Lage am *Mar Mediterráneo* bietet. Das war jedoch nicht immer so. Jahrzehntelang kehrte die Hafenstadt ihrer Seeseite den Rücken zu, die Viertel an der Küste waren berüchtigt. Erst mit dem Rüsten für die **Olympischen Spiele** 1992 öffnete sie sich wieder zum Wasser hin, reinigte Strände, beseitigte Industrieanlagen und schuf einen einladenden *Uferboulevard*. Universität, Banken und Verlage ergänzen das Angebot des modernen Industriestandortes. Barcelona ist auch als eigenständiges Urlaubsziel eine Reise wert. Besonders umfassend informiert der **ADAC Reiseführer Barcelona** über die eindrucksvolle Großstadt. Er stellt alle Sehenswürdigkeiten vom Zentrum bis zu den Außenbezirken ausführlich vor und ist mit fachkundigen Hinweisen und detaillierten Plänen ein hilfreicher Begleiter bei der Erkundung dieser aufregenden Metropole.

28 Barcelona

Plan hintere Umschlagklappe

Lebenssprühende Metropole, erfüllt von Geschichte und Aufbruchsstimmung.

Das heutige Barcelona liegt inmitten einer alten Kulturlandschaft. Vor mehr als 2000 Jahren lebten bereits **iberische Stämme** auf dem Hausberg Montjuïc. Im 3. Jh. v. Chr. gründeten **Karthager** den Mittelmeerhafen *Barcino*, den sie nach dem 2. Punischen Krieg (218–201 v. Chr.) an die **Römer** abtreten mussten. Rund um das Forum (heute Plaça Sant Jaume) entwickelte sich die römische Stadt *Colonia Iulia Augusta Paterna Fa-* ventia Barcino, die jedoch im Schatten des mächtigen südlichen Nachbarn Tarraco stand. Das 5. Jh. n. Chr. war das Zeitalter der Völkerwanderung, und ab 414 machten die eingewanderten **Westgoten** das nachmalige Barcelona für rund 100 Jahre zum Zentrum ihres Reiches. 716 wurden die Germanen von den **Mauren** abgelöst, die die Stadt aber nicht wesentlich prägten. 801 eroberte Ludwig der Fromme, Sohn Karls des Großen, Barcelona für die Christen zurück und erhob es zur Hauptstadt der spanischen Mark des Fränkischen Reiches.

Graf Guifré el Pelós (Wilfried der Behaarte, 878–897) gilt als Begründer der

◁ *Fließender Übergang von Natur zu Architektur: Das Gärtnerhäuschen des Parc Güell scheint aus dem Pflanzengrün emporzuwachsen*

historischen Region Katalonien. Unter seiner Herrschaft hatten sich etliche Grafschaften südlich der Pyrenäen zusammengeschlossen, die von Barcelona aus verwaltet wurden. 988 war daraus die unabhängige **Grafschaft** Barcelona entstanden und dies war gleichzeitig das Geburtsjahr Kataloniens.

Das 13. und 14. Jh. brachte Barcelona durch den **Seehandel** eine Periode wirtschaftlicher Blüte, die sich in reger Bautätigkeit äußerte. Stattliche Bauwerke aus dieser Zeit sind noch heute im Gotischen Viertel zu bewundern. Barcelona war eine der wichtigsten Handelsstädte des Mittelalters, neben Venedig und Genua eine der mächtigsten des Mittelmeers. Die Träger des Wohlstands organisierten sich selbstbewusst im Stadtparlament Corts Catalanes, auch *Corts Cents* genannt, ›Rat der Hundert‹, in dem Kaufmannsgilden und Handwerkerzünfte vertreten waren. Ausdruck der intellektuellen Blüte war die Gründung der **Universität** 1450. Im durch die Heirat von Isabella und Ferdinand geeinten Kö-

nigreich Kastilien war nach 1469 jedoch wenig Platz für die mächtige katalanische Stadt. 1492 wurde Kolumbus zwar nach seiner ersten Amerikafahrt noch vom Herrscherpaar in Barcelona empfangen, aber das Monopol für den *Amerikahandel* erhielt Sevilla. Damit begann für Barcelona der 300 Jahre andauernde Abstieg in die Bedeutungslosigkeit.

Katalonien fühlte sich von Kastilien missachtet und unterdrückt. Nach mehreren – erfolglosen – Volksaufständen spitzte sich der Konflikt noch zu, als die Katalanen im **Spanischen Erbfolgekrieg** des frühen 18. Jh. die Habsburger unterstützten. Die siegreichen Bourbonen, auf die die Kastilier gesetzt hatten, fielen 1714 in Barcelona ein. Erst als 1768 die spanische Krone den Amerikahandel freigab, begann der wirtschaftliche **Wiederaufstieg** der katalanischen Hauptstadt. Das 19. Jh. brachte schnelle industrielle Entwicklung: 1833 nahm in Barcelona Spaniens erste Dampfmaschine den Betrieb auf, 1848 fuhr erstmals die Eisenbahn von hier nach Mataró.

Die Stadt, deren Einwohnerzahl auf 500 000 angewachsen war, platzte Mitte des 19. Jh. aus allen Nähten. 1859 begann man, die alten Umfassungmauern niederzureißen und den **Stadterweiterungsplan** von Ildefons Cerdà (1815–1876) in die Tat umzusetzen. Ab 1860 waren der Baufreude des zu Geld gekommenen Bürgertums keine Grenzen mehr gesetzt. Lluís Domènech i Montaner, Josep Puig i Cadafalch und Antoni Gaudí hießen die Baumeister der Stunde, und der europäische Jugendstil entwickelte in Barcelona mit dem **Modernisme** eine eigene Variante. 1888 richtete Barcelona die **Weltausstellung** aus, wodurch Schaffenskraft und internationale Bedeutung der Stadt Bestätigung fanden. Das Großereignis wiederholte sich 1929. Der gewaltige Industrialisierungsschub des 19. Jh. brachte aber auch soziale Konflikte mit sich. Um die Jahrhundertwende galt Barcelona als Sammelpunkt republikanischer, sozialistischer und anarchistischer Strömungen sowie als Zentrum des katalanischen Separatismus, der in einer autonomen Regierung mündete, der 1932–39 tagenden **Generalitat de Catalunya**.

Links: *Von den Bergen zum Meer erstrecken sich die Straßenschluchten der Großstadt*

Unten: *Die Auslagen der Blumenhändler verwandeln die Rambla in ein Blütenmeer*

Die eine lacht, die andere nicht, doch jede ist auf ihre Art ein Goldstück

Von 1936 bis 1939 tobte der Spanische Bürgerkrieg. Im Juli 1936 gelang es Arbeitertrupps unter Führung des legendären Anarchisten Buenaventura Durruti (1896–1936), einen Aufstand der Falange, der faschistischen Nationalen niederzuschlagen. Daraufhin wurde in Barcelona für einige Monate die Utopie einer Herrschaft des Volkes Realität. Die großen Hotels und Industriebetriebe wurden enteignet, Kirchen in Kinos umgewandelt, Lokale dienten als Volksküchen mit freier Essensausgabe. Doch bald kam es zu Streitigkeiten innerhalb der linken Parteien. Ab 1937 bekämpften die Kommunisten ihre einstigen anarchistischen Verbündeten erbittert. ›Der kurze Sommer der Anarchie‹ (Buchtitel von Hans Magnus Enzensberger) nahm ein schlimmes Ende, und im Januar 1939 ging auch der Kampf gegen die nationalen Truppen verloren.

Unter der Diktatur Francisco Francos wurde katalanische Eigenständigkeit unterdrückt, aber Barcelona konnte sich als eine der führenden **Industriestädte** des Landes mit Metallverarbeitung, Textilherstellung und chemischer Industrie als den wichtigsten Produktionszweigen behaupten. Zwischen 1950 und 1970 zogen mehr als 400 000 Arbeiter zu, überwiegend Andalusier aus dem Süden Spaniens.

Nach dem Tod Francos (1975) erhielt die Autonome Region Katalonien 1979 ein Autonomiestatut, und in ihre Hauptstadt zog wieder ein liberaler Geist ein. 1986 erhielt Barcelona den Zuschlag für die **Olympischen Sommerspiele** 1992, was einen enormen Bauboom auslöste. 1997 gab eine königliche **Romanze** erneut Anlass zum Feiern: die Infantin Cristina de Bourbon heiratete in der Kathedrale von Barcelona den baskischen Handballprofi Iñaki Urdangarin und trug so auf gewisse Weise zur Versöhnung zwischen Madrid und den separatistischen Katalanen und Basken bei.

Auf den Rambles zum Hafen

Die 50 000 m^2 große **Plaça de Catalunya** ❶ markiert das Zentrum Barcelonas, seit sie 1886 als Verbindung zwischen dem neu entstandenen Eixample und den Rambles geschaffen wurde. Hier laufen Straßen und U-Bahn-Linien zusammen, und am zentralen Brunnen verabredet man sich gern zum Stadtbummel. An dem von Grünstreifen umgebenen Platz beginnt mit den nach Süden verlaufenden **Rambles** auch eine der großen, prächtigen Flaniermeilen der Welt. Hätte man nur eine Stunde Zeit, sich einen Eindruck von Barcelona zu verschaffen, sollte man sich hier in einem der Straßencafés niederlassen und den Strom der Menschen an sich vorbeiziehen lassen. Er bewegt sich Richtung Meer, wie einst der Fluss, in dessen ausgetrocknetem Bett diese Lebensader der Stadt angelegt wurde. Im 18. Jh. bekam die Straße ihr heutiges Gesicht als platanengesäumte Fußgängerzone, auf beiden Seiten von Autowegen flankiert.

Einst säumten Klöster die Rambles, nach der Säkularisierung 1835 zogen Adel und reiches Bürgertum in die Gebäude ein. Erst nachdem das Eixample entstanden war und die Wohlhabenden dorthin abgewandert waren, wohnten auch weniger Begüterte an den Rambles. Adel und Elend mischten sich und prägen bis heute das Gesicht dieser mehr als einen Kilometer langen Straße. Es spiegelt die soziale Realität Barcelonas in all ihren Facetten, hier kommen Selbstdarsteller und stille Beobachter gleichermaßen zu ihrem Recht, fühlen sich Einheimische wie Besucher wohl, und neben schicken Läden und traditionsreichen

Premierenfieber im Opernhaus – nach der Renovierung war es 1999 erneut soweit

Theater von Welt

Das **Gran Teatre del Liceu** *wurde 1844–48 mit einem prächtigen Saal in Gold, Samt und anderen edlen Materialien erbaut. 1861 brannte es erstmals ab, erstand jedoch schon im darauffolgenden Jahr in altem Glanz wieder. Finanziert wurde der Musentempel ausschließlich von Musik liebenden Barceloninern. Wer Geld spendete, erkaufte damit auch das Besitzrecht für einen Platz oder eine der prächtigen Logen, hinter denen sich oft kleine Salons verbargen. Das Liceu, zweitgrößtes Opernhaus Europas nach der Mailänder Scala, wurde Treffpunkt der ›vornehmen Gesellschaft‹. Im Theaterfoyer wurden Geschäfte gemacht und Heiraten gestiftet. Als Tempel des Bürgertums war es aber auch Angriffsziel für gesellschaftliche Erneuerer, und groß war das Entsetzen, als am 7. November 1893 der Anarchist Santiago Salvador während des zweiten Aktes von Gioacchino Rossinis ›Wilhelm Tell‹ eine Bombe ins Parkett schleuderte, die 20 Zuschauer tötete.*

Künstlerisch wurde das Theater ein Zentrum des **Wagner-Kults***, und alles was Rang und Namen in der Opernwelt hatte, stand im Laufe der Jahrzehnte auf der Bühne des Liceu, deren technische Ausstattung zuletzt weit hinter ihrem Ruhm zurückstand. Zum Olympiajahr 1992 war einiges erneuert worden, doch im Januar 1994 brannte das Liceu zum zweiten Mal in seiner Geschichte ab, nur die Fassade blieb erhalten. Altersschwach war das Bauwerk gewesen, und die mangelhafte feuertechnische Absicherung hatte Experten schon lange den mahnenden Zeigefinger erheben lassen. Es wurde schnellstmöglich mit dem Wiederaufbau begonnen, und man versuchte, den Zuschauerraum mit dem Prunk der Gründerjahre möglichst originalgetreu nachzuempfinden. Dahinter entstand ein zeitgemäßes Theater mit dreifacher Nutzfläche und modernster technischer Ausstattung – in jeder Hinsicht ein Schmuckstück, auf das die Einwohner von Barcelona stolz sein können.*

Cafés sind längst Fast-Food-Restaurants und Ramschläden eingezogen. Man spricht übrigens meist im Plural von den Rambles, weil sich die Promenade in fünf Abschnitte gliedert, von denen jeder seine Geschichte und seinen eigenen Charakter hat: Die **Rambla de Canaletes** ❷ beginnt an der Plaça de Catalunya.

Sie erhielt den Namen nach dem Brunnen *Font de Canaletes* in ihrer Mitte, dessen Wasser dem Besucher, der von ihm trinkt, immer wieder an diese Stelle zurückkehren lassen soll. Er ist auch beliebter Treffpunkt der Fußballfans, wenn sie nach einem Sieg die blauroten Fahnen zu Ehren des ruhmreichen FC Barcelona

Gaudís Jugendstilphantasien setzen farbige Akzente auf dem Dach des Palau Güell

schwenken. Kioske bieten bis tief in die Nacht Zeitungen aus aller Welt, Bücher und Postkarten an. An der anschließenden **Rambla dels Estudis** ❸ lag bis 1714 die erste Universität der Stadt. Heute wird dieser Teil auch *Rambla dels Ocells* (Vogelrambla) genannt, denn jeden Morgen findet hier ein bunter Vogel- und Kleintiermarkt statt.

Die **Rambla de Sant Josep** ❹ ist bekannter als *Rambla de les Flors* (Blumenrambla) und präsentiert sich mit ihren üppigen Blumenständen auch sehr farbenprächtig. In dem Block mit den Hausnummern 85–95 liegt der stimmungsvolle **Mercat de Sant Josep** ❺, die größte Markthalle der Stadt, im Volksmund *Boqueria* (*Boc* – katalan. Ziegenbock) genannt. Sind die Rambles die Lebensader der Stadt, so ist die 1876 nach dem Vorbild der Pariser Hallen als Gusseisenkonstruktion entstandene Boqueria ihr Bauch. Rund 800 Stände bieten eine einzigartige Auswahl an Obst, Gemüse, Fleisch, Fisch und Meerestieren, Trockenfrüchten, Nüssen und Pilzen, kurz allem, was Katalonien zu Land und zu Wasser dem Feinschmecker zu bieten hat. Wer die angebotenen Köstlichkeiten nicht wie die Barceloniner zum heimischen Kochtopf tragen kann, sollte sich zu dem Besuch eines kleinen Marktrestaurants wie des *Garduña* oder des *Pinocho* verführen lassen, die mit stets frischer Küche werben und nicht

nur zur Mittagsstunde ein bunt gemischtes Publikum verköstigen.

Am *Pla de la Boqueria*, den ein Fußbodenmosaik Joan Mirós schmückt, beginnt die **Rambla dels Caputxins** ❻, deren Name an ein nicht mehr existentes Kapuzinerkloster erinnert. Hier steht mit dem **Gran Teatre del Liceu** ❼ eines der großen Opernhäuser Europas. Es brannte 1994 vollständig aus und wurde bis 1999 hinter der erhaltenen, einfachen klassizistischen Fassade neu erbaut. Im Oktober 1999 öffnete sich der Vorhang des Liceu erneut.

Im 19. Jh. galt Barcelona als Stadt der Kaffeehäuser. Ein Überbleibsel aus jener Zeit ist das **Café de l'Opera** ❽ gegenüber dem Opernhaus, wo zwar nur noch selten die Stars des Liceu zu finden sind, aber eine bunte Mischung aus Einheimischen und Touristen das Flair vergangener Zeiten und hervorragenden Kaffee genießt. Seiltänzer, Flamencogitarristen und Pantomimen demonstrieren auf den Rambles, dass auch die Straße ein Theater ist. Nicht weniger Applaus gebührt den Kellnern, die Espressotassen und Eisbecher zwischen der Bar und den Tischen auf der Grünfläche sicher durch den Autoverkehr balancieren.

Ein kurzer Abstecher führt nach Westen in die Carrer Nou de la Rambla 3–5, zum **Palau Güell** ❾ (Mo–Sa 10–14 und 16–20 Uhr), einem Frühwerk Antoni Gaudís, das der Architekt 1886–90 als

Stadtpalast für seinen Gönner, den Grafen Eusebi Güell, entworfen hatte. In den zahlreichen Sälen und Zimmern des sechsstöckigen Palastes zeugen fantasievolles Dekor und Mobiliar, ausgeführt in edelsten Materialien, vom Können des Künstlers und von der Finanzkraft des adligen Auftraggebers.

An der sich zum Meer hin verbreiternden **Rambla Sta. Monica** ⑩ liegt das Areal der Wahrsagerinnen, Porträtmaler und traditionell der Halbwelt. Die früher hier tätigen Prostituierten wurden von diesem Strandabschnitt verbannt, die Taschendiebe dagegen mischen weiterhin munter mit beim Freizeitvergnügen des ›ramblejar‹, des Flanierens auf den Rambles. Also aufpassen!

Die **Plaça del Portal de la Pau** schließt die Rambles zum Hafenbecken hin ab, in der Mitte des Platzes erhebt sich das Kolumbusdenkmal **Monument a Colom** ⑪. Stolz weist die Bronzefigur

des Seefahrers aus Genua von einer 60 m hohen Säule aufs Meer, Richtung Indien, das er 1492 gefunden zu haben glaubte. Nach seiner ersten Amerikafahrt wurde Christoph Kolumbus von den Katholischen Königen in Barcelona empfangen. Zur Erinnerung daran wurde 1888 das Monument errichtet, von dessen Aussichtsplattform sich ein weiter Blick über Stadt und Hafen öffnet.

Im Westen der Plaça del Portal de la Pau erinnert das großartige **Museu Marítim** ⑫ (tgl. 10–17 Uhr) an die mittelalterliche Blüte Barcelonas als Seemacht und an das Zeitalter der Entdeckungen, als Spanien zu den großen Seefahrernationen Europas gehörte. Seit 1936 ist das Museum hier in den **Reials Drassanes** untergebracht, den ehem. königlichen Werften, die 1336–87 erbaut wurden. Architektonisch ist die achtschiffige, bogenüberwölbte Halle ein herrliches Beispiel gotischer Zivilarchi-

Ein Traum in Rot und Gold ist die Galeere von Juan d'Austria im Museu Marítim

An der Moll de la Fusta laden Ausflugsboote zu einer Hafenrundfahrt ein

tektur. Das Prunkstück der unzähligen Ausstellungsstücke rund um das Thema Seefahrt ist eine originalgetreue Nachbildung der *Galeere*, von der aus Don Juan d'Austria 1571 die Seeschlacht von Lepanto befehligte, in der Spanier und Venezianer die Türken schlugen.

Schräg gegenüber der alten Werft öffnet sich der Hafen. Nach Osten zieht sich die **Moll de la Fusta** ⓭ hin, im Mittelalter Umschlagplatz für Holz. Hier legen kleine Barkassen, die *Golondrines*, zu Hafenrundfahrten ab. Um einen ersten Eindruck vom neu gestalteten Hafenviertel zu gewinnen, empfiehlt sich ein Bummel über die Fußgängerbrücke **Rambla de Mar**, die zur **Moll d'Espanya** ⓮ führt. Auf der ausgedehnten Mole liegt das riesige Einkaufs- und Vergnügungszentrum *Maremágnum* mit Restaurants, Bars, einem IMAX-Kino und dem **Aquàrium** (tgl. 9.30 – 21, Juli/Aug. bis 23 Uhr), das als größtes Europas z.B. mit einem spektakulären Unterwassertunnel aufwarten kann.

Gegenüber im Osten, wo vor rund 10 Jahren noch hässliche Industrieanlagen den Zugang zum Wasser versperrten, locken heute schicke Fischrestaurants, und mit der **Moll de la Barceloneta** ⓯ entstand eine großzügig angelegte Promenade für Spaziergänger, Jogger und Skater. Sie führt am innersten Becken des *Port Vell*, des alten Hafens, entlang, weiter bis zum Anfang der 90er-Jahre des 20. Jh. neu angelegten Stadtstrand *Platja de la Barceloneta* und zum Olympischen Dorf von 1992, der *Vila Olimpica*.

Barri Gòtic – La Ribera

Zwischen den Rambles und der Via Laietana erstreckt sich das Barri Gòtic, der älteste Teil der Stadt. Nicht alle der in diesem Gotischen Viertel versammelten Prachtbauten hatten ursprünglich ihren Standort hier. Vielmehr entschloss man sich im 19. Jh., nachdem die Stadtmauern gefallen waren, abgelegenere gotische Bauwerke abzutragen und in der Altstadt wieder aufzubauen, um so ein homogenes Barri Gòtic zu schaffen.

Die **Plaça de Sant Jaume** ⓰, einst Forum der römischen Siedlung Barcino, ist heute ein beliebter Treffpunkt, lässt sie

doch viel Raum zum Feiern und zum Demonstrieren. Der großzügige Platz liegt zwischen den Schaltstellen der weltlichen Macht. Im Süden erstreckt sich der Rathauskomplex der **Casa de la Ciutat** ⑰. Hinter seiner neoklassizistischen Fassade verbirgt sich ein geschichtsträchtiges Haus, dessen älteste Teile aus dem 14. Jh. stammen. Bemerkenswert ist der *Saló de Cent* (Sa/So 10–13.30 Uhr) im 1. Stock, der von Transversalbögen überspannte Sitzungssaal mit teilweise holzverkleideter Decke. In diesem ›Saal der Hundert‹ tagte im Mittelalter der städtische ›Rat der Hundert‹. Der **Palau de la Generalitat de Catalunya** ⑱ im Nordosten der Plaça de Sant Jaume ist Regierungssitz der Autonomen Region Katalonien, die die Nachfolge der im 13. Jh. gegründeten Ständeverwaltung der *Corts Catalanes* antrat. Der lang gestreckte Bau stammt – abgesehen von der Renaissancefassade – aus dem 15. Jh. und ist nur am 23. April, dem Tag des hl. Georg, öffentlich zugänglich. Von seinem Balkon aus nehmen übrigens Politiker und Sportler nach bedeutenden Siegen die Ovationen der Bevölkerung entgegen.

Ein venezianisch anmutendes Brücklein (19. Jh.) überspannt die am Palast der Generalitat vorbeiführende Carrer Bisbe Irurita. Sie führt nordwärts zur **Catedral de Santa Eulàlia** ⑲ (tgl. 8–13.30 und 16–19.30 Uhr), auch *La Seu* genannt. Auf das 4. Jh. geht die erste Kirche zurück, die an der Stelle der heutigen Kathedrale auf dem Mons Taber errichtet wurde. Die Reliquien der hl. Eulàlia wurden im 11. Jh. in die romanische Nachfolgekirche überführt, die 1298 der gotischen Kathedrale weichen musste. Mitte des 15. Jh. versiegten die finanziellen Quellen, und der Bau stockte für rund vier Jahrhunderte. Die heutige Fassade ist neogotisch, sie wurde im späten 19. Jh. wie die Seitentürme von einem einheimischen Industriellen gesponsort und nach Originalplänen aus dem 16. Jh. errichtet. Ihre Vollendung fand die Kathedrale schließlich 1913 mit der Errichtung des oktogonalen Mittelturms.

Im hohen dreischiffigen Innenraum verdient zunächst die **Sakramentskapelle [A]** auf der rechten Seite besondere Beachtung. Sie birgt das alabasterne Grabmal (15./16. Jh.) des Bischofs Ollegar und die rußgeschwärzte Figur des *Cristo de Lepanto* (15. Jh.). Das Kruzifix soll als Galionsfigur der Galeere des Don Juan d'Austria bei der Schlacht von Lepanto (1571) gedient haben, und man erzählt, es sei gekrümmt, weil es den Kugeln ausweichen wollte. Auf der gegenüberliegenden Seite des Eingangs liegt das **Baptisterium [B]**. Über dem Taufstein, den im frühen 15. Jh. ein Florentiner Meister aus Carrara-Marmor geschaffen hatte, wurden 1493 die ersten Indianer getauft, die Kolumbus aus Amerika mitgebracht hatte.

Der **Chor [C]** liegt, wie in Spanien üblich, in der Mitte des Langhauses und war für Klerus und Adel reserviert. 1518 verlieh Carlos I. an dieser Stelle den Orden des Goldenen Vlieses, die höchste Auszeichnung der Habsburger, an adelige Honoratioren. Die Rückenlehnen des herrlich geschnitzten *Chorgestühls* (14./15. Jh) tragen die Wappen der Würdenträger. Sie werden umrahmt von reichem Maßwerk, die *Misericordien* sind mit lebensnahen allegorischen Darstellungen menschlicher Tugenden und Laster verziert. Die vier Marmorreliefs (16. Jh.) des **Trascoro [D]**, der Außenwand des Chors, zeigen drastisch Szenen aus dem Martyrium der hl. Eulàlia, die 304 gekreuzigt, in Öl gebraten, verbrannt

Gänse statt Wachhunde: seit Jahrhunderten hütet das Federvieh die Kathedrale

und geköpft wurde. Die **Krypta** [E] unter dem Hauptaltar birgt in einem prächtig skulpturierten Alabastersarkophag aus dem 14. Jh. die Gebeine dieser Schutzpatronin Barcelonas. In den Kapellen des **Chorumgangs** [F] rings um das **Presbyterium** [G] mit seinem alabasternen *Bischofssitz* sind wertvolle Altäre, Sarkophage und Gemälde zu bewundern, etwa in der 2. von rechts das Triptychon

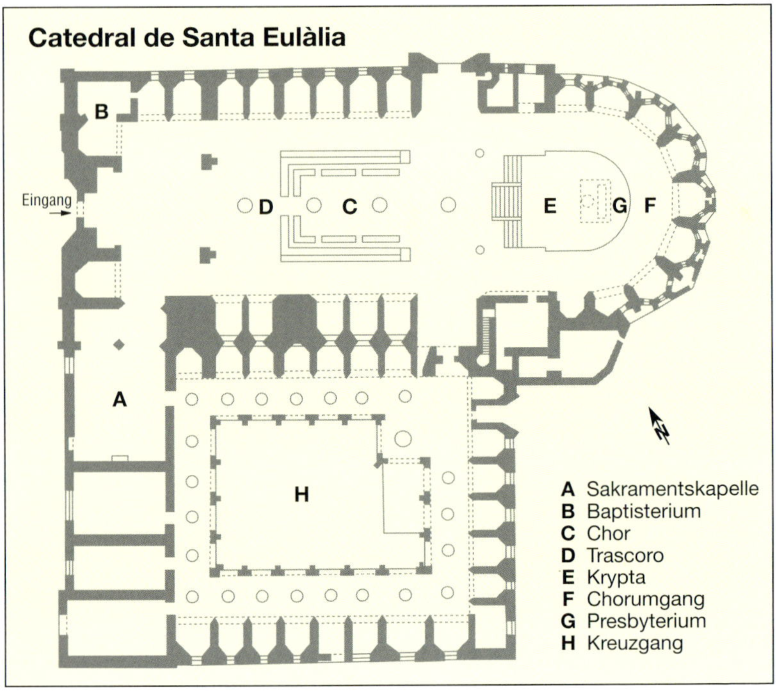

Catedral de Santa Eulàlia

B

Eingang

D   C   E G F

A

H

A Sakramentskapelle
B Baptisterium
C Chor
D Trascoro
E Krypta
F Chorumgang
G Presbyterium
H Kreuzgang

›Die Heimsuchung‹, um 1470 von einem unbekannten Meister geschaffen.

Im Osten schließt sich an den Kirchenraum der von Palmen und Magnolien beschattete gotische **Kreuzgang [H]** an. Seine größte Attraktion sind zweifellos die Gänse, die den Brunnen in der Mitte bevölkern. Ihr lautes Geschnatter bei nächtlichen Störungen sollte im Mittelalter Diebe fernhalten.

Zu den schönsten Plätzen der Stadt zählt die steingepflasterte **Plaça del Rei** östlich der Kathedrale, die beherrscht wird von den wuchtigen Mauern des **Palau Reial Major** . Dieser Königspalast ging aus dem 1162 erbauten Sitz der Grafen von Barcelona hervor, wurde jedoch mehrfach verändert und erweitert. Von den original erhaltenen Gebäudeteilen sind zwei besonders bemerkenswert: einmal der **Saló de Tinell** (1359–70), der 36 m lange Thronsaal mit seinem beeindruckenden Rundbogengewölbe. Hier empfingen die Katholischen Könige Isabella und Ferdinand 1493 Christoph Kolumbus nach seiner Rückkehr aus Amerika. Der riesige Saal wird heute u. a. als Konzertsaal genutzt. Das zweite Schmuckstück ist die einstige Palastkapelle **St. Àgata** aus dem 13./14. Jh. In dem hohen, einschiffigen Innenraum ist neben dem prachtvollen gotischen Dreikönigsaltar auch ein Altarbild des katalanischen Meisters Jaume Huguet (1414–1492) zu bewundern, das Szenen aus dem Leben und Leiden der hl. Agatha zeigt.

Nebenan ist in dem gotischen Stadtpalais **Casa Clariana-Padellàs** das historische Museum **Museu d' Història de la Ciutat** (Di–Sa 10–14 und 16–20, So/Fei 10–14 Uhr) untergebracht, das auf zwei Stockwerken Exponate aus dem Alltagsleben des 17.–19. Jh. ausstellt, von Kacheln bis zu Krippenfiguren. Im Untergeschoss kann man einen Ausflug zu den Anfängen der Stadt machen, es zeigt Ausgrabungen aus der römischen und westgotischen Epoche. Die Fundamente von Mietshäusern, Bädern und einer frühchristlichen Kirche zeugen vom Leben im alten Barcino.

Das schönste gotische Bauwerk Barcelonas aber liegt südöstlich außerhalb des Barri Gòtic, in der ehem. Vorstadt **La Ribera**. Das einstige Viertel der Geschäftsleute und Hafenarbeiter verwandelt sich langsam in ein ›In‹-Viertel mit ansprechenden Restaurants und Bars. Seinen Mittelpunkt bildet **Santa Maria del Mar** (tgl. 9–13.30 und 16.30–20 Uhr), ein Meisterwerk katalanischer Gotik mit zwei achteckigen Türmen und einem sehenswerten Trichterportal. Die Kirche wurde 1329–83 unter tatkräftiger Mithilfe der Anwohner in Rekordzeit errichtet. Leider ging bei einem Brand 1936 einiges der ursprünglichen Bausubstanz und Ausstattung verloren. Erhalten

Auf der Plaça del Rei trifft man sich und diskutiert über Gott und die Welt

blieb jedoch die vollendete Harmonie des schlichten Kirchenraums, unterstrichen durch das Lichtspiel der teilweise noch originalen Buntglasfenster. Eine schlichte Holzplastik auf dem Altar zeigt Maria, die Schutzpatronin des Gotteshauses, mit einem Miniaturschiff auf dem Arm.

In der nahen Carrer Montcada reihen sich schmucke Adelspaläste aus dem 13.–16. Jh. aneinander, die heute oft Galerien und Museen beherbergen. Ziel der meisten Besucher sind die herrschaftlichen Paläste mit den Hausnummern 15, 17 und 19. In ihnen wurde 1963 das **Museu Picasso** ❷❸ (Di–Sa/Fei 10–20, So 10–15 Uhr) eingerichtet, zu einer Zeit also, als der Exilant im faschistischen Spanien nicht sonderlich geschätzt wurde. Pablo Picasso (1881–1973), Andalusier von Geburt, verbrachte in Barcelona seine prägenden Jugendjahre, und sein Frühwerk bildet den Schwerpunkt des Museums. So ist neben der Serie *Las Meniñas* und Keramiken u. a. das Gemälde *Ciencia y Caridad* zu sehen, das der damals 16-jährige 1897 bei der Nationalen Kunstausstellung in Madrid zeigte.

Ausdrucksstarke Fresken sind im Museu Nacional d'Art de Catalunya zu bewundern

Montjuïc

213 m hoch erhebt sich der Montjuïc, neben dem Tibidabo einer der beiden Hausberge der Barceloniner, im Südwesten über der Stadt. Woher der Name Montjuïc stammt, ist nicht eindeutig geklärt: Schon die Römer siedelten auf dem *Mont Jovis* (Berg des Jupiter), dem strategisch wichtigsten Punkt der Stadt. Aber auch eine Herleitung von *Mont Judaicus* (Judenberg) ist denkbar, denn im Mittelalter erstreckte sich an den Hängen des Montjuïc ein jüdischer Friedhof. Mitte des 18. Jh. wurde auf dem Gipfel das **Castell de Montjuïc** ❷❹ erbaut, eine Burg mit Bastionen und Zitadellen. Sie beherbergte im 20. Jh. ein gefürchtetes Militärgefängnis und galt als Symbol der Unterdrückung. Erst 1960 wurde das Castell der Stadt übergeben und in ein Militärmuseum umgewandelt.

Zur Weltausstellung 1929 wurde der bis dahin als Steinbruch und Picknickareal genutzte Montjuïc aufgewertet, es entstanden Gartenanlagen, Sport- und Kulturstätten. 1992 schließlich – anlässlich der Olympischen Spiele – erfuhr der Stadtberg seine vorerst letzte Umgestaltung. Heute ist er vor allem Ziel für Kunstfreunde, denn hier befinden sich neben dem Spanischen Dorf auch Highlights der katalanischen Museumslandschaft.

Der neoklassizistische Monumentalbau des *Palau Nacional*, das ehem. spanische Palais der Weltausstellung 1929, **TOP TIPP** beherbergt seit 1934 das **Museu Nacional d'Art de Catalunya** ❷❺ (Di–Sa 10–19 Uhr, So/Fei 10–14.30 Uhr, Internet: www.mnac.es). Das Nationalmuseum für katalanische Kunst (MNAC) kann mit bedeutenden Sammlungen zur romanischen und gotischen Kunst aufwarten. Fresken aus abgelegenen mittelalterlichen Kirchen wurden sorgfältig abgetragen und im Museum installiert. So sollte diese sakrale Kunst vor dem drohenden Ausverkauf in die Neue Welt und zerstörerischen Umwelteinflüssen bewahrt werden. Ein immer wiederkehrendes Motiv ist etwa das des *Christus Pantokrator*, das den Gottessohn als Weltenherrscher zeigt.

Nicht weit nordwestlich vom Nationalmuseum liegt das **Poble Espanyol** ❷❻, das Spanische Dorf. Es handelt sich dabei um einen Freizeitpark, der Kopien vieler Gebäude aus vielen spanischen Regionen in leicht verkleinertem Maßstab präsentiert. Den Eingang etwa bildet

Auf diese Art drehen sich Katalanen gern im Kreis

Sardana – das Herz tanzt, der Kopf rechnet

*Jeden Sonntag um die Mittagszeit füllt sich der Platz vor der Kathedrale in Barcelona mit Menschen. Die **Cobla**, eine Musikkapelle, bestehend aus Holz- und Blechbläsern, einem Kontrabassisten und einem Trommler, nimmt auf den Stufen Platz und stimmt schnarrende, schrille, höchst befremdliche Klänge an, deren Wirkung verblüffend ist: Wildfremde Menschen fassen sich an den Hände, bilden **Kreise**, in deren Mitte sie ihre Taschen und Mäntel zusammenlegen, und beginnen zu tanzen. Männer und Frauen, alte und junge Leute bewegen sich mit feierlichen Mienen und Disziplin, derer es bedarf, um die komplizierten Schrittfolgen einzuhalten, zum Rhythmus der Musik. Sie tanzen die **Sardana**, von der Santiago Rusiñol treffend schreibt, sie besitze »... den Rhythmus Kataloniens – das Herz tanzt, und der Kopf rechnet«.*

*Keine Frage – die Sardana ist ein Tanz für den Kopf, nicht für die Sinne, ganz anders als der andalusische Flamenco. Die heutige Form des **Reigentanzes** entwickelte sich erst im 19. Jh. Zur Zeit Francos wurde die Sardana zum Symbol katalanischer Einheit, vom Diktator gefürchtet und teilweise verboten, heute ist sie populärer denn je. Für den Besucher öffnet dieser einzigartige Tanz, der jeden, der sich an die Regeln hält, im Kreis willkommen heißt, das Verständnis für die eigenwillige und faszinierende Region Katalonien.*

ein Nachbau des Stadttores von Avila. Restaurants und kunsthandwerkliche Geschäfte ergänzen das Ensemble. Neuerdings kann man hier auch das Nachtleben genießen mit Diskotheken, Flamenco-Shows und Bars.

Eine weitere Attraktion des Montjuïc ist an der Plaça Neptúr die **Fundació Joan Miró** 27 (Di–Sa 11–19, Do 11–21.30, So/Fei 10.30–14.30 Uhr). Die Stiftung, vom Künstler selbst 1971 ins Leben gerufen und 1975 eröffnet, hat ihren Sitz in einem Gebäude des Miró-Freundes und Corbusier-Schülers Josep Lluis Sert. Das luftige Bauwerk mit seinen hellen Räumen öffnet sich dem mediterranen Licht und schafft eine ideale Umgebung für die oft farbenfrohen Werke Mirós. Gemälde aus dem Frühwerk sind ebenso zu sehen wie textile Objekte, Zeichnungen oder Grafiken.

Eixample

Mitte des 19. Jh. wirkte die Stadtmauer um Barcelona zunehmend wie ein Korsett, und innerhalb lebte man zusammengepfercht unter Lebensbedingungen, die einer aufstrebenden Industriestadt nicht angemessen waren. 1859 endlich fielen die Mauern, und die Pläne des Architekten Ildefons Cerdà zur **Stadterweiterung** (*Eixample*) konnten umgesetzt werden. Auf der Grundlage eines Rechteckrasters entstanden gleichförmige, meist fünf- bis sechsstöckige Häuserblocks. Die von Cerdà beabsichtigte Mischung der sozialen Schichten fand übrigens nicht statt. Das Eixample war von Anfang an ein Viertel des wohlhabenden Bürgertums. Die Arbeiter zogen in die Vorstädte am Meer.

Wie eine breite Achse durchkreuzt die **Diagonal** von Osten nach Westen in schräger Richtung das Eixample und durchbricht damit die monotone Struktur der quadratischen Gebäudeblöcke. Rechtwinklig dazu verläuft eine Hauptachse des Viertels, der fünf Fahrbahnen zählende, mit Platanen bestandene **Passeig de Gràcia**. In Details, wie dem kunstvollen Mosaikpflaster der Gehsteige, entworfen von Gaudí, und den fantasievollen Straßenlaternen von Pere Falques, zeigte sich die Repräsentationslust des Bürgertums.

Ab 1880 entstanden die ersten Wohnhäuser, von denen einige heute zu den Perlen des Modernisme zählen. Dazu gehört am Passeig de Gràcia 92 die **Casa Milà** 28 von Antoni Gaudí, ein 1905–10 erbautes Etagenwohnhaus. Der Schwer-

punkt liegt hier weniger auf der Dekoration als auf den eigenwilligen Konstruktionsprinzipien. Die gewellte Fassade des Eckhauses erinnert an eine Sanddüne oder ein steinernes Meer. Die schlichten Kalksteinmauern kontrastieren mit den als Schlingpflanzen ausgeführten schmiedeeisernen Balkonbrüstungen. Gaudí träumte von einer **Naturalisierung** der Architektur. Tragende Wände gibt es im Inneren nicht. Das Gewicht lastet auf Säulen und Eisenträgern. Kaum ein Zimmer gleicht dem anderen, und schon damals waren für Gaudí Müllschlucker, Tiefgaragen, verstellbare Wände und ein ausgefeiltes Be- und Entlüftungssystem Selbstverständlichkeiten. Die Casa Milà war ihrer Zeit voraus, doch bei der Fertigstellung stieß sie auf wenig Begeisterung. Verächtlich nannten es die Zeitgenossen *La Pedrera*, ›Steinbruch‹.

Im obersten, 7. Stockwerk bietet die Ausstellung **Espai Gaudí** (tgl. 10–20 Uhr) mit zahlreichen Plänen, Texttafeln und einem Videoprogramm eine gelungene Einführung in das Werk des Künstlers Gaudí. Die faszinierende *Dachland-*

Gerastert, doch bei weitem nicht gleichförmig präsentiert sich das Eixample

›Der Vogel und das Mädchen‹ schuf Miró als Entwurf für La Defense in Paris

Feuerwerk knallbunter Farben

Am 20. April 1893 wurde **Joan Miró** *in Barcelona geboren. Der Sohn eines Goldschmieds und Uhrmachers entschloss sich früh, Maler zu werden. Ein wichtiges Vorbild, wie für andere spanische Künstler seiner Generation, war Pablo Picasso, den er 1919 in Paris kennen lernte. Dort suchte der junge Katalane auch Kontakt zu den Surrealisten, ließ sich aber nicht von ihnen vereinnahmen. Miró blieb Zeit seines Lebens Individualist. In den nächsten Jahren wechselte er zwischen dem kreativen Weltstadtflair von Paris und der ländlichen Ruhe von Montroig bei Tarragona, wo seine Familie ein Landhaus besaß. Ab 1924 entwickelte Miró die bunten, wie schwebend wirkenden Ideogramme, für die seine Bilder so berühmt wurden. 1928 brachte eine Ausstellung in Paris den großen Durchbruch für den Künstler.*

Eine Zäsur in seinem oft so heiteren Werk bildete die Zeit des Spanischen Bürgerkriegs. Dunkle Farben und ungewöhnliche Materialien wie Teer und Sand vermittelten seine Abscheu vor dem Franco-Regime. 1937 vertrat Mirós heute verschollenes Bild ›Der Schnitter‹ neben Picassos ›Guernica‹ das republikanische Spanien bei der Weltausstellung in Paris. Nach dem Sieg der Nationalen lebte Miró bis 1940 im Pariser Exil. Aber anders als beispielsweise Picasso war er nicht in der Lage, lange Zeit fern von seinen Wurzeln schöpferisch tätig zu sein.

1940 kehrte er nach Barcelona zurück, besuchte aber immer häufiger Mallorca, Heimat seiner Mutter. Die ruhige Insel wurde für ihn zunehmend ein Rückzugsort. Ab 1956 lebte er ständig an diesem Hort seiner inneren Emigration. Anerkennung wurde Miró im faschistischen Spanien – im Gegensatz zum Ausland – nur bedingt zuteil. 1978 schritt König Juan Carlos I. zur Wiedergutmachung und dekorierte den hochbetagten Künstler mit der höchsten spanischen Auszeichnung, dem Orden ›Gran Cruz de Isabela la Catolica‹.

Joan Miró wird oft als **Maler der Assoziation** *bezeichnet, der seinen Träumen Farbe und Form gab. Gern brachte er sich selbst mit dem surrealistischen Automatismus in Verbindung. Tatsächlich belegten später veröffentlichte Vorzeichnungen, dass diese scheinbar spontanen Werke sorgfältig geplant und konzeptioniert waren, was jedoch sein Genie nicht mindert. Unbestritten macht die innovative Bildsprache seiner Werke Miró zu einem Erneuerer in der Kunst des 20. Jh. Seine Monster und Gnome mussten viele Versuche der Interpretation über sich ergehen lassen. Entscheidend war für Miró jedoch nicht die Deutung seiner Werke, sondern ihre Wirkung: »Ein Bild muss sein wie ein Funkenflug, es muss die Augen blenden.« Seine Kunst sollte schockieren, erfreuen oder amüsieren, nur sollte sie keine Gleichgültigkeit hervorrufen.*

schaft, mit deren Gestaltung der Architekt seine Freude an skurrilen Formen und farbenprächtigem Kacheldekor noch einmal auslebte, ist ein herrlicher Rastplatz und ermöglicht einen weiten Blick über die Dächer des Eixample.

Am meisten bestaunt wird jedoch der Häuserblock am Passeig de Gràcia, der **Manzana de la Discordia** ㉙ , ›Zankapfel‹, genannt. Er besteht aus drei benachbarten Wohnhäusern, die im ersten Jahrzehnt des 20. Jh. von je einem der drei Stararchitekten des Modernisme entworfen wurden. Am auffälligsten ist sicher die **Casa Batlló** (Nr. 43) von Antoni Gaudí, deren Dach mit seinen grünen Kacheln an ein geschupptes Reptil erinnert, während die Fensterkreuze Knochen ähneln. Der

Architekt zitiert damit die Legende vom Drachentöter Sant Jordi (hl. Georg), dem katalanischen Nationalheiligen.

Als Giebelhaus in neogotischem Stil ist daneben die **Casa Amatller** (Nr. 41) von Puig i Cadafalch ausgeführt. Doch auch ihre Fassade gibt sich mit farbigen Kacheln und geschwungenen Formen deutlich als Werk des Modernisme zu erkennen. Die **Casa Lleó Morera** (Mo–Sa 10–19 Uhr) (Nr. 35) von Domènech i Montaner erscheint innen bunt und verspielt, die Wände verschwenderisch bemalt mit grünem Efeu sowie weißen und rosa Blüten. Im 1. Stock kann man sich vom außergewöhnlichen Flair einer ganz im Stil des Modernisme eingerichteten Wohnung überzeugen.

Die einzigartige Sagrada Familia wurde zu Glaubensbekenntnis und Vermächtnis Gaudís

2500 m Aluminiumdraht kräuseln sich auf dem Dach über der backsteinroten Fassade eines einstöckigen Jugendstilhauses in der nahen Carrer Aragó 255. Die Installation *Núvol i cadira*, ›Wolke und Stuhl‹ macht deutlich, dass das Innenleben des von Lluís Domènech i Montaner Ende des 19. Jh. entworfenen Gebäudes der modernen Kunst geweiht ist. Es beherbergt seit 1990 die **Fundació Antoni Tàpies** ❸⓿ (Di–So 11–20 Uhr). Die Stiftung des katalanischen Malers und Grafikers Antoni Tàpies (* 1923) gewährt einen guten Überblick über sein bisheriges Werk, das u. a. Schwarz-Weiß-Kompositionen, Installationen und Illustrationen für die Zeitschrift der Künstlergruppe *Dau al Set* beinhaltet. Bemerkenswert ist auch die gut sortierte Bibliothek mit Erscheinungen zur Kunst des 20. Jh. und zu orientalischer Kultur.

Ein Bummel durch das Eixample ist immer kurzweilig, neben den modernistischen ›Highlights‹ überraschen mehr als 1000 Bauwerke mit Details im modernistischen Stil. Während der Franco-Zeit hatte man die Bürgerpaläste schnöde vernachlässigt, ab 1987 aber vorbildlich restauriert. Das architektonische **Gesamtkunstwerk** Eixample wird ergänzt durch hübsche Cafés, originelle Restaurants, Buchhandlungen, elegante Boutiquen und moderne Design-Paläste.

Den Höhepunkt eines Bummels durch das Viertel bildet aber ohne Frage die Kathedrale **Sagrada Familia** ❸⓵ (April–Sept. 9–20, Okt.–März 9–18 Uhr), ein Wahrzeichen Barcelonas und Hauptwerk des Modernisme. Sie wurde als Sühnekirche 1882 vom Architekten Francisco del Villar im konventionellen neogotischen Stil begonnen. Die Bauherren legten fest, dass die *Kirche der Heiligen Familie* nur durch Spenden finanziert werden sollte. Das Prinzip gilt auch heute noch. 1883 hatte man dem damals 31jährigen Gaudí das Projekt übertragen. Er arbeitete jedoch nebenbei an zahlreichen anderen Aufträgen und widmete sich erst ab 1914 ganz der Sagrada Familia. Bis zu seinem Tod 1926 entstanden Apsis, Krypta und der größte Teil der Ostfassade, deren Themen Geburt und Kindheit Jesu sind. Der gesamte Baukörper scheint aus Ton geknetet zu sein, tatsächlich musste jeder Stein nach Anweisungen des Architekten von Hand geformt werden, was die Baukosten enorm in die Höhe trieb. Nach Gaudís Plänen sollten insgesamt

drei **Fassaden** das Leben Christi bildlich erzählen, thematisch Geburt, Passion und Auferstehung zugeordnet. 18 Türme hatte Gaudí geplant, sie sollten die zwölf Apostel, die vier Evangelisten, die Jungfrau Maria und schließlich – der höchste mit 170 m – Christus verkörpern. Jedes Fenster und jede Säule sollen ferner Kirchenheilige, eine Institution oder einen katholischen Glaubensmythos darstellen. Das ganze Bauwerk atmet Religiosität, und Gaudí sah sich als Priester der Architektur. Die Kirche verstand er als **steinernes Credo**, als ›Predigt in Stein‹, die Mittelpunkt eines Gemeindezentrums mit Schulen und Kindergärten sein sollte – ein Bollwerk zur Festigung des katholischen Glaubens in einer Zeit religiöser Abkehr. Am 7. Juni 1926 – die Ostfassade der Kirche war so gut wie fertiggestellt – wurde der Baumeister auf einem Spaziergang von der Straßenbahn erfasst und starb drei Tage später im Hospital. Seine letzte Ruhestätte fand Gaudí in der kleinen, heute verschlossenen Krypta der Sagrada Familia. Die Hauptkrypta birgt ein Museum mit Skizzen, Modellen und Fotos des Architekten und ›seiner‹ Kirche.

1936 setzte der Spanische Bürgerkrieg den nach Gaudís Plänen fortgeführten Bauarbeiten ein vorläufiges Ende. 1952 wurden sie wiederaufgenommen, auch wenn nur wenige Zeichnungen den Krieg überlebt hatten. Vier Türme und die Nordfassade wurden 1954–76 vollendet. 1987 übernahm der Bildhauer Josep Maria Subirach die Bauleitung. Die futuristisch wirkenden Skulpturen, die er dem Bauwerk aufpflanzte, wurden vielfach kritisiert und die Frage nach dem Sinn der Vollendung von Gaudís ›Unvollendeter‹ wird heute wieder oft gestellt.

Zu Fuß oder mit Hilfe eines Fahrstuhls kann man die **Türme der Ostfassade** erklimmen. Belohnt werden schwindelfreie Besucher mit einem herrlichen Blick über Barcelona und dem grandiosen Gefühl, ein monumentales Projekt hautnah erlebt zu haben, das sich in die Tradition mittelalterlicher Bauhütten einreiht.

Parc Güell

Als 15 ha große, sozialreformerische Wohnsiedlung mit 60 Wohnparzellen, Markthalle und Terrassenplatz konzeptionierte Antoni Gaudí im Jahr 1900 den **Parc Güell** ❸⓶ in der Carrer Olot. Die Gartenstadt auf einem Hügel im Norden Barcelonas blieb Utopie. Aus Mangel an Interessenten für die Immobilien wurde,

Modernisme in Vollendung zeigt die Fassade des Palau de la Musica Catalana

Alles fließt – Jugendstil auf katalanisch

Der Modernisme, dessen Blütezeit in Katalonien zwischen 1880 und 1920 lag, entwickelte sich im ausgehenden 19. Jh., etwa zur gleichen Zeit wie vergleichbare Strömungen in Deutschland (Jugendstil), England (Modern Style) und Frankreich (Art Nouveau). Fließende, asymmetrische Formen, reiches Dekor, Einbeziehung von Handwerkstechniken wie Glaserei, Keramik- und Schmiedekunst waren seine Merkmale. Der **Modernisme** *entstand als künstlerische Revolte gegen den Historismus, war aber auch Ausdruck des katalanischen* **Nationalismus**. *Die Künstler verstanden sich als Träger einer weit über die Architektur hinausgehenden Bewegung, die katalanischer Kultur zur Wiedergeburt verhelfen wollte.*

Für das Großbürgertum war das ausgehende 19. Jh. eine Periode der Prosperität, es entwickelte sich zu einer selbstbewussten Klasse und zeigte seinen Reichtum durch repräsentative neue Bauten, die nach einer modernen

Architektur verlangten. Der Modernisme war also im Grunde eine bürgerliche Kunstrichtung, hatte aber auch sozialreformerische Ansätze. Z. B. sollten auch Fabriken und Arbeiterwohnungen solide und freundlich gebaut werden. Das Triumvirat der Stararchitekten bildeten Domènech i Montaner, Puig i Cadafalch und Gaudí.

Als Leiter der Architekturschule in Barcelona verstand sich **Lluís Domènech i Montaner** *(1849–1923) nicht so sehr als Revolutionär der Form. Er begeisterte vielmehr durch kraftvolle Farbgebung und fantasievolle Gestaltung der Details sowie durch Kombination der Materialien. Sein Meisterstück lieferte er mit dem* **Palau de la Musica Catalana** *(1905–1908), dem Musikpalast Ecke Carrer Sant Pere més Alt und Carrer Amadeu Vives.*

Josep Puig i Cadafalch *(1867– 1957) überwand den Überschwang des Jugendstils zugunsten einer wieder strengeren Form. Die Hauptwerke des überzeugten Nationalisten sind in Barcelona neben der* **Casa Amatller** *die* **Casa de les Punxes** *an der Diagonal und das Künstlerlokal* **Els Quatre Gats** *in der Carrer Montsió 3, wo Picasso erstmals ausstellte.*

Antoni Gaudí *(1852–1926) schließlich kam 1869 nach Barcelona, absolvierte ein Architektur-Studium und hatte das Glück, in dem Textilfabrikanten Graf Eusebi Güell einen Förderer zu finden, der seinen Ideen gegenüber offen war und die finanziellen Mittel für ihre Umsetzung bereitstellte. Für ihn baute Gaudí die Finca Güell (1884– 87), den* **Palau Güell** *(1885–1919), die Kapelle für die Colonia Güell (1898– 1916) und den* **Parc Güell** *(1900–14). Gaudí ging es in seinen Bauwerken um die Beziehung zur Natur, um eine ganzheitliche Gestaltung, gegen die Massenproduktion vorgefertigter Teile. Er selbst, der aus einer Töpferfamilie kam, erwarb nach seinem Studium Kenntnisse in Schreinerei, Glaserei und Schmiedekunst. Mit einfachen Mitteln und eigenwilligen Materialmischungen schuf er fantasievolle ›Organismen‹.*

neben Pförtner- und Verwaltungsgebäude am Eingang, nur ein einziges Haus gebaut, das Gaudi selbst ab 1906 bewohnte. Heute ist darin das kleine **Museu Casa**

Gaudí (So – Fr 10 – 14 und 16 – 18 Uhr) eingerichtet, das neben Plänen auch einige Originalmöbel und Haushaltsgegenstände des Meisters zeigt. Nachdem die

Arbeiten 1914 eingestellt worden waren, wurde das bereits gestaltete Areal 1922 in einen öffentlichen Park umgewandelt. Seit 1984 zählt die UNESCO den Parc Güell zum Weltkulturerbe.

Die unvollendete, mauerumgebene **Parkanlage** fasziniert durch fantasievolle Details wie das kleine, farbenprächtige, Wasser speiende Keramikungeheuer *Python*, das die Besucher am Haupteingang begrüßt, bevor sie auf der Freitreppe zu dem von 86 stark geneigten Säulen getragenen *Terrassenplatz* hinaufsteigen. Ihn umgibt eine schlangenartig gewundene **Steinbank**, deren Lehne von kunterbunten, in Kollagetechnik zusammengesetzten Keramiksplittern bedeckt ist. Es ist ein herrlicher Platz zum Verweilen, die Wasser eines Brun-

nens plätschern, und der Blick richtet sich auf die Dächer und Türme der von hier so fern wirkenden Stadt.

Praktische Hinweise

Information: Centro de Información Turística de Barcelona,
Tel. 9 33 68 97 30 (aus dem Ausland),
Tel. 9 06 30 12 82 (innerhalb Spaniens 0,39 €/Min.), Internet:
www. barcelonaturisme.com: Plaça de Catalunya 17 (Untergeschoss),
Hotelinformation Tel. 9 33 04 32 32.
Plaça de Sant Jaume 2 (Rathaus),
Passeig de Gràcia 107 (Palau Robert).
Flughafen El Prat, Tel. 9 32 98 38 38.
Bahnhof Estación Central de Sants,
Tel. 9 34 90 02 02.

Die geschwungene Freitreppe am Eingang stimmt auf den Besuch des Parc Güell ein

Alle Informationsstellen verkaufen die 1–5 Tage gültige **Barcelona Card**. Sie beinhaltet Vergünstigungen in Museen, zahlreichen Geschäften und Lokalen der Stadt sowie im öffentlichen Nahverkehr.

Öffentliche Verkehrsmittel

Die fünf **Metrolinien** verkehren Mo–Do 5–23 Uhr, Fr–Sa 6–0.30 Uhr, So 6–24 Uhr. **Busse** fahren tgl. 4.30–22 Uhr, zusätzlich starten an der Plaça de Catalunya tgl. 23–4 Uhr mehrere **Nachtbuslinien**.

Neben Einzeltickets und Zehnerkarten sind an den Fahrkartenschaltern der Metrostationen Tageskarten (›T-Dia‹) erhältlich, mit denen man 1, 3 oder 5 Tage lang U-Bahne und Busse unbegrenzt nutzen kann.

Barcelona Bus Turístic bietet Fahrten im Panoramabus mit Stopps an den wichtigsten Sehenswürdigkeiten an. Die Fahrt kann beliebig oft unterbrochen werden.

Cafés und Bars

Happy Book Café, Carrer Provenca 286. Im wunderschönen, begrünten Innenhof der Buchhandlung wird neben Kaffee und Kuchen ein täglich wechselndes Mittagsmenü serviert.

Can Paixano, Reina Cristina 7. So geschl. Bodenständige Stehkneipe

Im luftigen Patio des Hotel Peninsular kann man den Trubel der Großstadt vergessen

mit deftigen *Tapas*. Die Hauptattraktion ist jedoch *Cava* zu Probierpreisen.

Café de l'Opera, Rambla dels Caputxins 74, Tel. 9 33 17 75 85. Ein buntgemischtes Publikum genießt in dem Kaffeehausklassiker seinen Espresso.

Schilling, Carrer Ferran 23, Tel. 3 17 67 87. Im wunderschönen Café werden bis spätabends leckere Kleinigkeiten serviert. Junges Publikum.

TOP TIPP **Torres de Avila**, Poble Espanyol (Montjuïc), Tel. 9 34 24 93 09. So geschl. Einer der schönsten der zahlreichen Designer-Tanzclubs. Ultimatives Styling, schöne Menschen und herrliche Ausblicke von der Dachterrasse.

Mirablau, Plaça Dr. Andreu (Tibidabo), Tel. 93 34 18 58 79. Vom Balkon des schicken Tanzlokals genießt man abends und nachts bei kühlen Drinks einen atemberaubenden Blick über das Lichtermeer von Barcelona.

La Paloma, Carrer Tigre 27. Mo geschl. Eins, Zwei … Cha-Cha-Cha. Jung und alt schwingen das Tanzbein in dem plüschigen Salon mit seiner Einrichtung aus der Jahrhundertwende.

Hotels

***** **Palace**, Gran Via de les Corts Catalanes 647, Tel. 9 33 18 52 00, Fax 93 34 12 26 11. In dem modernen Prachtbau kann man sich wie ein König fühlen – zu entsprechenden Preisen!

**** **Ambassador**, Carrer Pintor Fortuny 13, Tel. 9 34 12 05 30, Fax 93 30 27 97. Das ebenfalls geschmackvoll eingerichtete Schwesterhotel des ›Rívoli Ramblas‹ lockt mit Pool auf der Dachterrasse.

TOP TIPP **** **Condes de Barcelona**, Passeig de Gràcia 73–75, Tel. 9 34 67 47 81, Internet: www.condesdebarcelona.com. Stilvolles Hotel der gehobenen Mittelklasse am schicken Einkaufsboulevard nahe der Diagonal. Die Zimmer sind durchweg mit Art-Déco-Möbeln ausgestattet. Sonnenterrasse auf dem Dach.

**** **Rívoli Ramblas**, Rambla dels Estudis 128, Tel. 9 33 02 66 43, Fax 9 33 17 50 53. Die zentrale Lage und das Ambiente, in dem sich Jugendstil und modernes Design auf's Glücklichste vereinen, haben ihren Preis.

*** **Gaudí**, Nou de la Rambla 12, Tel. 9 33 17 90 32, Fax 9 34 12 26 36.

Romantik bei Mondschein – Abendstimmung auf dem Dach der Bar Torres de Avila

Renoviertes Mittelklassehotel in unmittelbarer Nähe der Rambles.

*** Condado, Carrer Aribau 201, Tel. 9 32 00 23 11, Fax 9 32 00 25 86. Solides Haus in ruhiger Lage. Sehr schön sind die Zimmer mit großem Balkon zur Hofseite.

** España, Carrer de Sant Pau 9–11, Tel. 9 33 18 17 58, Fax 9 33 17 11 34. Für Nostalgie-Fans. Wer dem Charme des Modernisme verfallen ist, wird das von Lluís Domènech i Montaner gestaltete Hotel lieben, obwohl der einstige Glanz etwas angestaubt ist.

* Peninsular, Carrer San Pablo 34, Tel./Fax 9 33 02 31 38. Einfaches, aber nettes Haus mit Innenhof. Im Zentrum gelegen, nicht weit von den Rambles.

Hostal-Residencia Windsor, Rambla Catalunya 84, Tel. 9 32 15 11 98. Angenehme kleine Pension mit überraschendem Komfort.

Hostal Jardí, Plaça Sant Josep Oriol 1, Tel. 9 33 01 59 00, Fax 9 33 01 59 58. Nettes Hostal in zentraler Lage, etwas laut. Frühzeitig reservieren!

Restaurants

Can Culleretes, Carrer Qintana 5, Tel. 9 33 17 30 22. So abend und Mo geschl. Im angeblich ältesten Restaurant der Stadt (1786) isst man deftig, die üppigen *Botifarras* (katalanische Bratwürste) schmecken himmlisch.

Comme-Bio, Via Laietana 28, Tel. 9 33 19 89 68. Die feine Gemüseküche lockt als attraktive Alternative zum eher deftigen katalanischen Essen.

El Pintor, Carrer Sant Honorat 7, Tel. 9 33 01 40 65. Hübsches Restaurant mit abwechslungsreicher Speisekarte.

Les Quinze Nits, Plaça Reial 6. Die Kombination aus guter Küche zu günstigen Preisen und angenehmer Umgebung ist unschlagbar. Dafür steht man auch mal Schlange …

Llevataps, Palau de Mar, Plaça Pau Vila s/n, Tel. 9 32 21 24 27. Fischrestaurant mit Atmosphäre und Blick auf den Hafen. Nicht ganz billig.

Los Caracoles, Carrer Escudellers 14, Tel. 9 33 02 31 85. Traditionslokal mit urigem Ambiente. Der würzige Geruch von Brathähnchen weist den Weg.

Neichel, Carrer Beltran i Rózpide 16 bis, Tel. 93 32 03 84 08. So geschl. Gourmettempel, mit zwei Michelin-Sternen ausgezeichnet. Die fantasievollen Kreationen des Chefs orientieren sich an der feinen provencalischen Küche. Reservierung unumgänglich.

TOP TIPP **Senyor Parellada**, Carrer Argenteria 37, Tel. 9 33 10 50 94. So geschl. Die gehobene katalanische Küche des Maître Parellada im Barri Gòtic ist längst kein Geheimtipp mehr, die Anchovis z. B. schmecken hinreißend. Reservierung notwendig (So/Fei geschl.).

Barcelonas Umland – kleine Fluchten

Die Provinz Barcelona hat mehr zu bieten als Großstadtdschungel. Nur eine Autostunde südlich von Barcelona liegt mit Sitges der älteste und nach wie vor eleganteste **Badeort** der *Costa del Garrafe*, wie der Küstenstreifen um Barcelona genannt wird. Ihre herrlichen, breiten **Sandstrände** ziehen sich kilometerlang hin und gehen bei Vilanova i la Geltrú in die Costa Daurada über.

Im Hinterland erstrecken sich ausgedehnte **Weinanbaugebiete**, wo einige der besten spanischen Trauben angebaut werden. Daraus keltern die Winzer international renommierte Rebensäfte – allen voran die spritzige Schaumweinvariante, den **cava**. Sant Sadurni d'Anoia, die Hauptstadt des spanischen Sekts, und die Weinstadt Vilafranca del Penedès liegen eingebettet in eine sanfthügelige Landschaft. Besucher sind in den Kellereien gern gesehen. Schroff zeigt sich dagegen das graue Gebirgsmassiv von Montserrat, Heimat einer benediktinischen **Mönchsgemeinschaft** und eines der wichtigsten Wallfahrtsziele Spaniens.

29 Sitges

Turbulentes Seebad mit Charme.

Auf seinen Strand kann der **Badeort** Sitges zu Recht stolz sein, der helle Sand ist besonders fein. Die insgesamt 4 km unterteilen sich in 17 Strände, die durch die Bergkette der *Sierra de Garraf* im Landesinneren vor rauen Winden geschützt sind. Zwei angenehme **Strandpromenaden**, auf denen es sich herrlich flanieren lässt, begleiten im westlichen und östlichen Stadtgebiet die Küste.

<u>Geschichte</u>   Sitges (12 000 Einw.) ist ein geschichtsträchtiger Ort, der sich im Mittelalter aus dem um die Zeitenwende angelegten Römerhafen *Subur* entwickelte. 40 km südlich von Barcelona gelegen, war es einer der ersten Urlaubsorte Spaniens und hat sich bis heute den Charakter eines eleganten **Seebades** bewahrt. Was früher mondän war, ist heute – manchmal liebevoll altmodisch, oft aber auch mit viel Stilempfinden – dem Zeitgeist angeglichen worden.

Gegen Ende des 19. Jh. entdeckte eine Gruppe von Freiluftmalern um Joan Roig i Soler und Arcadi Mas i Fontdevila, die später als **Sitges-Luministen** bekannt wurden, das Städtchen. Seinen Ruf als Künstlerort verdankt Sitges aber vor allem dem Maler und Schriftsteller **Santiago Rusiñol** (1861–1931), einem der bekanntesten Vertreter des katalanischen

Modernisme. Rusiñol erwarb zwei Fischerhäuser in der Altstadt am Hafen. Er baute sie zu dem *Atelierhaus Cau Ferrat* um, das ein wichtiger **Künstlertreffpunkt** der Jahrhundertwende wurde. *Manuel de Falla* komponierte hier einen Teil seines Balletts ›Der Liebeszauber‹ und ›Nächte in spanischen Gärten‹.

Die wohlhabenden Bürger aus Barcelona schätzten zu Beginn des 20. Jh. Sitges als Sommerfrische. Das kam den Architekten des Modernisme zugute, die hier großzügige Kapitalgeber fanden. Davon zeugt noch so manche **Jugendstil-Perle** entlang der Strandpromenade. In den 20er-Jahren des 20. Jh. sorgten die *Surrealisten*, die das Licht und die Landschaft von Sitges schätzten, für Gesprächsstoff. Auch heute gibt man sich liberal und weltoffen – kein Wunder, dass sich hier gerade die europäische **Gay-Scene** wohlfühlt. Weit über die Landesgrenzen hinaus ist der *Tunten-Karneval* im Februar bekannt, aber auch das im Oktober stattfindende Maskenfest *Festival Internacional da Cinema da Catalunya* hat sich einen Namen gemacht. Im Juni und Juli finden auch ein Theater-, ein Jazz- und ein Tangofestival statt, sowie ein Zyklus von Sommerkonzerten mit klassischer Musik.

<u>Besichtigung</u>   Die hübsche Altstadt liegt zwischen beiden Stränden *Platja d'Oro* und *Platja Sant Sebastià*. Sie wird von

◁ *Über den Wolken liegt die Kapelle Santa Cova in grandioser Bergeinsamkeit*

Seine familienfreundliche Seite zeigt Sitges am Hauptstrand nahe der Kirche San Bartomeo

der barocken Pfarrkirche San Bartomeo aus dem 18. Jh. beherrscht, die sich als Ausgangspunkt für einen Bummel anbietet.

Die Wahl fällt schwer, wenn zur Fiesta de la Verena eine Weinkönigin gekürt werden soll

Am besten schlendert man durch die **Fußgängerzone** mit den schicken Geschäften und einladenden Bars, durch die angrenzenden kleinen Gassen bis zur Strandpromenade. Dabei sollte man jedoch nicht versäumen, die für einen kleinen Badeort bemerkenswerte Museumslandschaft zu würdigen. Dazu gehört in der *Carrer Fonollar* das einstige Atelierhaus Santiago Rusiñols. Es wurde 1931, nach dem Tod des Malers, in das **Museu Cau Ferrat** umgewandelt (21. Juni – 11. Sept. Di–So 10–21, 12. Sept.– 20. Juni Di–Sa 10–13 und 16–18, So 9.30–14 Uhr). Es zeigt Rusiñols Sammlung schmiedeeiserner Gegenstände, etwa Beschläge, Leuchter oder Fenstergitter. Daneben sind beachtenswerte Gemälde zu sehen, u.a. von Miguel Utrillo und Ramón Casas. Auch Picasso ist mit dem Bild ›Der Stierkampf‹ (1901) vertreten. Rusiñol erwarb Ende des 19. Jh. zwei Werke von El Greco, zu einer Zeit also, als dieser Maler in Spanien nicht sehr geschätzt wurde, und sorgte dafür, dass dem Genie aus Kreta ein Monument an der Promenade von Sitges errichtet wurde.

mit weiteren Arbeiten von Rusiñol. Das aus zwei Gebäudeteilen bestehende ehem. Hospital stammt aus dem 14. Jh. Es bietet somit den passenden architektonischen Rahmen für eine ebenfalls hier ausgestellte kleine, aber beachtenswerte Sammlung mittelalterlicher Kunst, im Mittelpunkt die Fresken in der ehem. Kapelle mit Szenen aus dem Leben des hl. Bartholomäus.

Das Romantische Museum, **Museu Romantico** (21. Juni–11. Sept. Di–So 10–21, sonst Di–Sa 10–13 und 16–18, So 9.30–14 Uhr), in der nahen Carrer Sant Gaudenci ist in einem herrschaftlichen Haus des 19. Jh. untergebracht. Seine originalgetreue *Innenausstattung* führt in die Welt einer katalanischen Grundbesitzerfamilie ein, die ihre Glanzzeit auf der Schwelle zum 19. Jh., in der Epoche der Romantik, erlebte. Darüber hinaus ist in dem Museum eine Puppensammlung zu sehen und eine Ausstellung über Weinerzeugung und -handel der Region.

Der Stolz der hiesigen Winzer ist der **Malvasia de Sitges**, ein Dessertwein, von dem jährlich nicht mehr als 4000 Flaschen nach traditioneller Methode erzeugt werden. Am 3. Sonntag im September treffen sich Freunde des Rebensaftes in Sitges zum Weinfest **Fiesta de la Verena**. Höhepunkte sind ein Wettbewerb im Weintreten, bei dem die erste Traubenernte des Jahres mit bloßen Füßen zerstampft wird, und die Wahl der Weinkönigin.

Das angrenzende **Museu Palau Maricel** (21. Juni–11. Sept. Di–So 10–21, 12. Sept.–20. Juni Di–Sa 10–13 und 16–18, So 9.30–14 Uhr) birgt seit 1969 die Städtische Gemäldesammlung, u.a.

Beim Traubenstampfen heißt es unverdrossen treten, da sind kräftige Waden von Vorteil

Information: Patronat Municipal de Turisme, Carrer Sínia Morera 1, Tel. 9 38 94 42 51, Fax 9 38 94 43 05

Hotels

**** **San Sebastian Playa**, Port Alegre 3, Tel. 9 38 94 86 76, Fax 9 38 94 04 30. Moderner Komfort im Stil der *Belle Epoque* an der Strandpromenade.

*** **Celimar**, Passeig De la Ribera 20, Tel. 9 38 11 01 70, Fax 9 38 11 04 03. Außen Jugendstil, innen Neue Sachlichkeit. Angenehmes Hotel an der Strandpromenade, das sich die Atmosphäre teuer bezahlen lässt.

*** **Subur**, Carrer Espanya 1, Tel. 9 38 94 00 66, Fax 9 38 94 69 86. Schlichtes Haus in Strandnähe, das vor allem junge Leute anspricht.

** **Romàntic**, Carrer Sant Isidre 33, Tel. 9 38 94 83 75, Fax 9 38 94 81 67. Antiquitätenliebhaber schätzen die Ausstattung des zentral gelegenen Hotels.

Restaurants

Amore, Passeig De la Ribera 18, Tel. 9 38 94 41 04. Die Spezialitäten sind *Paella* und *Fideuà*, eine Fischpfanne mit Nudeln, zu günstigen Preisen.

El Greco, Passeig De la Ribera 70, Tel. 9 38 94 29 06. Ob gegrillt, gesotten, paniert oder gekocht – Fischliebhaber haben die Qual der Wahl.

Izarra, Carrer Mayor 22, Tel. 9 38 94 73 70. Wunderschöne *Tapa*-Bar in der Fußgängerzone mit baskischen Spezialitäten.

La Estrella Sitges, Carrer Major 52, Tel. 9 38 94 00 79. Für die Kleinigkeit zwischendurch: Feinkostgeschäft, Café und *Tapa*-Bar in einem.

30 Vilanova i la Geltrú

Vergleichsweise wenige Touristen besuchen den hübschen Strandort.

Die geschäftige Stadt (44 000 Einw.) lebt nicht in erster Linie vom Tourismus, sondern von der Textilindustrie. Trotzdem oder gerade deshalb lohnt sich ein Besuch. Der Ort besteht aus den beiden zusammengewachsenen Stadtteilen **Vilanova** (13. Jh.) und dem älteren **La Geltrú** (11. Jh.). Stimmungsvoll und lebendig gibt sich die Altstadt mit ihren engen Gassen, flankiert von zahlreichen mittelalterlichen Gebäuden. Bestimmendes Bauwerk ist das wuchtige, im 12. Jh. auf einem Hügel erbaute **Castell de la Gel-**

Spanische Sommerfrische an der Strandpromenade von Vilanova i la Geltrú

Kühne Bögen konzipierte Puig i Cadafalch für die Empfangshalle von Can Codorníu

trú an der Avenida Balaguer. Die Räume rings um den quadratischen Innenhof beherbergen ein *Städtisches Museum* (tgl. 9–13.30 und 16–19 Uhr), in dem u.a. regionale Gebrauchskeramik des 17. und 18. Jh. zu sehen ist.

Die **Hafenpromenade** ist gesäumt von dicht an dicht stehenden, mehrstöckigen Wohnhäusern. Ein Bummel lohnt trotzdem, und wer sich am bunten Treiben im Fischereihafen sattgesehen hat, kann eines der zahlreichen benachbarten kleinen Fischlokale aufsuchen, die vor allem am Wochenende von Einheimischen gut besucht sind und ein solides Preis-Leistungsverhältnis bieten.

Praktische Hinweise

Information: Oficina de Turismo, Parque de Ribes Roges s/n (Torre), Tel. 9 38 15 45 17, Fax 9 38 15 26 93

31 Sant Sadurni d'Anoia

Hauptstadt prickelnder Genüsse.

95 % des spanischen Schaumweins *Cava* werden in der Region Penedes hergestellt, genauer gesagt in Sant Sadurni d'Anoia und Umgebung. Mehr als 100 Sektkellereien gibt es hier, darunter die der in Mitteleuropa bekanntesten Hersteller **Freixenet** und **Codorníu**. Fast alle Betriebe bieten Besichtigungen und Verkostungen an.

Ein Muss ist der Besuch beim *Cava-Papst* **Can Codorníu**, in dessen Betrieb vor 120 Jahren die Geschichte des spanischen Schaumweins begann. Der älteste Teil der Kellerei, die heiligen Hallen gewissermaßen, wurden 1896–1906 vom Großmeister des Modernisme, Josep Puig i Cadafalch, erbaut und stehen heute unter Denkmalschutz. Die unterirdischen Stollen beeindrucken allein durch ihre Ausmaße – auf 25 km Länge, in fünf Stockwerken lagern über 100 Mio. Flaschen Sekt. Höhepunkt der Besichtigung ist der mit Bronze überzogene und mit Christbaumkugeln geschmückte **Weinstock**, aus dessen Reben der erste *Cava* gekeltert wurde. Der Genuss eines Gläschens Sekt führt abschließend in die Gegenwart zurück.

Praktische Hinweise

Sektkellereien

Can Codorníu, Carrer Caseriu s/n, Tel. 9 38 91 01 25, Mo–Fr 10–18 Uhr

Freixenet, Carrer Joan Sala 2, Tel. 9 38 91 11 62, Fax 9 38 18 36 11, Mo–Fr 9–13 und 15–19 Uhr

Geschüttelt, nicht gerührt – ohne die Rüttelpulte gäbe es keinen perlenden Cava

Spritziges Lieblingsgetränk der Katalanen

Cava, der katalanische Schaumwein, ist in! Es hat sich längst herumgesprochen, dass es die katalanischen **Spitzenprodukte** *durchaus mit dem französischen Champagner aufnehmen können.*

Die Geburtsstunde des Cava schlug 1872, als der Winzer Josep Raventós, verheiratet mit Anna Codorníu aus einer seit 1551 etablierten Winzerfamilie, von einer Studienreise nach Frankreich zurückkehrte. Der **Champagner** *hatte es ihm angetan, und so begann er, mit den heimischen Trauben die ›Méthode champagnoise‹ zu kopieren, die der französische Mönch Dom Perignon im 17. Jh. entwickelt hatte. Und das Ergebnis konnte sich trinken lassen!*

Für die Herstellung eines guten Cava braucht man neben ausgezeichneten Trauben auch Fingerspitzengefühl und viel Geduld. Der Wein wird nach der ersten Gärung auf **Flaschen** *abgefüllt, in denen er nach spanischem Gesetz mindestens neun Monate verbleiben muss,*

edle Qualitäten entsprechend länger. Eine zweite Gärung durchläuft er in der Flasche selbst. Damit sich die Hefe am Korken absetzt, werden die Flaschen geschüttelt, was heute in den großen Kellereien maschinell geschieht – immerhin produzieren sie rund 40 Mio. Flaschen jährlich. Ist die Reifung abgeschlossen, wird der Satz gefroren und entfernt, bevor die Flaschen endgültig verkorkt werden.

Die Katalanen haben den prickelnden Wein längst zu ihrem **Lieblingsgetränk** *erkoren und bislang geht nur rund ein Viertel der Produktion in den Export. Beim cava gilt erfreulicherweise: Was gut ist, muss nicht unbedingt teuer sein. In mancher kleinen* **Xampanyeria** *bekommt man ein Gläschen vom Haus-Cava zu einem echten Freundschaftspreis. Dabei hat man die Auswahl zwischen den Sorten* **Brut** *(sehr trocken),* **Sec** *(trocken),* **Semisec** *(halbtrocken) und* **Dolç** *(süß).*

32 Vilafranca de Penedes

Sanfthügelige Heimat edler Weine.

Inmitten üppiger Weinberge liegt Vilafranca de Penedes (25 000 Einw.), der Hauptort des Bezirks Alt-Penedes, seit Ende des 18. Jh. eine der wichtigsten **Weinanbauregionen** Spaniens. Die traditionsreichen Kellereien sind denn auch das Ziel der meisten Besucher, wiewohl ein Bummel durch die malerische **Altstadt** gleichfalls lohnt.

Die Burgvogte von Vilafranca waren im Mittelalter verpflichtet, ihre königliche Herrschaft auf deren Reisen zu beherbergen. Zu diesem Zweck entstand 1236 der **Palacio Real** an der Plaça Jaume I., in dem Pere II. der Große 1289 starb. Heute birgt der strenge Bau das stadtgeschichtliche **Museu de Vilafranca** (Di–Sa 10–14 und 16.30–19.30, So 10–14 Uhr), das archäologische und geologische Funde aus der Region zeigt. Das angeschlossene Weinmuseum **Museu del Vi** gibt einen hervorragenden Überblick über den Rebenanbau in der Region von der Römerzeit bis heute. Gleichzeitig ist seine Besichtigung eine ausgezeichnete Vorbereitung auf den Besuch einer der Kellereien. Sogar eine kleine Weinprobe wird Besuchern im Museum angeboten.

Die Wege zu den etwas außerhalb des Ortes liegenden **Kellereien** sind gut ausgeschildert. Die berühmteste ist das Anwesen der Familie **Miguel Torres** in der Carrer Comercio 22 (Voranmeldung unter Tel. 9 38 17 74 00, Fax 9 38 17 74 44). Sie unterhält Filialgeschäfte in Chile und Kalifornien und produziert einige der höchstdekorierten spanischen Weine. Erstaunlich vielfältig ist die Palette, die von süffigen Weißen bis zu rassigen Roten reicht. Die Besichtigung der Kellerei schließt eine Busfahrt durch die Weinberge ein, und abschließend kann man sich persönlich von der Qualität der Penedes-Weine überzeugen.

Praktische Hinweise

Information: Oficina de Turisme, Carrer Cort 14, Vilafranca de Penedes, Tel. 9 38 92 03 58, Fax 9 38 18 14 79

33 Montserrat

Pilgerzentrum auf einem heiligen Berg.

Meterhohe Kalksteine türmen sich südwestlich des Dorfes *Monistrol* beidseits der Straße auf. 8 km lang windet sie sich in teils steilen Kehren auf den abrupt in der staubtrockenen, unwirtlichen Ebene auftauchenden Felsen hinauf. **Mont serrat**, *zersägter Berg*, nannten die Katalanen treffend das 10 km lange und 5 km breite Massiv mit dem markanten Einschnitt in der Mitte. Statt Engeln mit goldenen Sägen, wie die Legende erzählt, waren es die Kräfte der Verwitterung, die in den Jahrmillionen seit dem Tertiär dieses bizarre Kunstwerk der Natur schufen. Eingebettet zwischen die beiden ›Hälften‹ des bis zu 1235 m hohen Felsens liegt auf 725 m Höhe das Kloster **Santa Maria de Montserrat**. Die Anlage ist nach der Alhambra in Granada das am zweithäufigsten besuchte Monument Spaniens. Wegen seiner unzugänglichen Lage muss es vor dem Zeitalter des Tourismus ein verschwiegener und geheim-

Drohend und beschützend zugleich erheben sich die mächtigen Felsriesen der Sierra de Montserrat seit Jahrhunderten über dem gleichnamigen Kloster

Refliefdarstellungen von Mariae Heimsuchung und Christi Geburt flankieren die Moreneta

nisvoller Ort gewesen sein. Heute erreicht man ihn mit dem Auto von Barcelona aus in etwa 1 Std.: von der Autobahn A 7 auf die N 11, dann Richtung Manresa auf die C 1411 und bei Monistrol links abbiegen. Vor den Toren des Klosterkomplexes ist ein ausgedehnter Parkplatz angelegt. Von dem Dorf Olesa führt auch die Schwebebahn **Teleférico** hinauf. In beiden Fällen bieten die weiten Ausblicke ein großartiges Landschaftserlebnis.

Geschichte   Schon im 9. Jh. lebten Einsiedlermönche auf dem Montserrat. **Benediktiner** gründeten in der ersten Hälfte des 11. Jh. an dieser Stelle ein Konvent, das sich zu einem wichtigen Studienzentrum des Mittelalters entwickelte. Sein Ruf und seine Beliebtheit gründeten sich nicht zuletzt auf **La Moreneta**, eine ca. 30 cm hohe Statue der sitzenden Muttergottes mit lächelndem, dunkel gefärbtem Gesicht und dem Jesukind auf dem Schoß. Die Legende erzählt, dass die *Schwarze Madonna* in der **Santa Cova**, der Heiligen Grotte oberhalb des heutigen Klosters, gefunden wurde. In den folgenden Jahrhunderten erklommen immer mehr Pilger den Berg, um die angeblich wundertätige Marienfigur zu sehen. 1881 trug Papst Leo XIII. dieser innigen Verehrung Rechnung und erklärte die Schwarze Madonna von Montserrat zur **Schutzheiligen Kataloniens**.

1808 zerstörten napoleonische Truppen große Teile des Klosters, die Mönche bauten die Gebäude ein halbes Jahrhun-

dert später wieder auf. Montserrat kam neben der religiösen auch politische Bedeutung zu, denn es war ein Zentrum der **Renaixença**, der Renaissance katalanischer Kultur im 19. Jh. Nach dem Spanischen Bürgerkrieg 1936 diente das abgelegene Kloster als Zufluchtsstätte für politisch Verfolgte, die hier vor der Diktatur General Francos Schutz fanden. Heute leben rund 80 Benediktinermönche im Kloster und freuen sich über den anhaltend starken Zustrom von Pilgern, jedes Jahr erweisen immerhin mehr als 750 000 der Moreneta ihre Referenz.

Die Brüder verwalten auch das *Wirtschaftsunternehmen* Montserrat mit Hotel, Schnellimbissen, Supermarkt und mehreren Souvenirgeschäften, in denen Hausgemachtes vom Likör bis zur CD der Sängerknaben angeboten wird.

Besichtigung   Die *Plaça de Santa Maria* bildet den Mittelpunkt der Klosteranlage, unterhalb des Platzes liegt das **Museu de Montserrat**. Es umfasst fünf Abteilungen: Archäologie des biblischen Orients, Goldschmiedekunst, alte und moderne Malerei sowie Bildhauerei. Werke von El Greco, Caravaggio, Picasso, Dalí und einigen französischen Impressionisten gehören zu den Schätzen des Museums.

Von der mittelalterlichen Klosteranlage im Osten der Plaça de Santa Maria blieben nach den Verwüstungen durch napoleonische Truppen nur Teile des gotischen *Kreuzgangs* aus dem 15. Jh. und ein romanisches *Portal* erhalten. Bereits im 16. Jh. ersetzte eine Basilika die vormalige romanische **Klosterkirche**, aber auch sie wurde nach den Zerstörungen des 19. Jh. – stark verändert – neu aufgebaut. Ihre neoplatereske **Fassade** erhebt sich gegenüber dem Torbogen, durch den man den zentralen Platz betritt, und beherrscht diesen mit der Skulpturenreihe ›Christus und die 12 Apostel‹ über dem Haupteingang sowie der darüberliegenden schlichten Fensterrosette.

Der 68 m lange und 21 m breite, einschiffige **Innenraum** ist schlicht gehalten. Die Aufmerksamkeit richtet sich auf den Hochaltar in der Apsis mit der Statue der *Santa Imatge*, der *Mare de Deu de Montserrat*, deren Entstehung auf das 12./13. Jh. datiert wird. Kerzenruß war es wohl, der ihr Gesicht so dunkel färbte, dass sie den Beinamen *La Moreneta*, ›die kleine Dunkle‹, erhielt. Man schreibt ihr wundersame Kräfte zu, und zahllose Pilger stehen noch heute jeden Tag geduldig Schlange, um sie berühren zu können.

Ein akustisches Erlebnis sind die Aufführungen der Sängerknaben der **Escolanía**, der wohl ältesten Musikschule Europas, die in der Kirche Proben ihres Könnens geben (tgl. 13 und 19.40 Uhr außer im Juli und während der Weihnachtsferien).

Ausgeschilderte Fußwege führen vom Kloster zu den **Miradores**, Aussichtspunkten in den umliegenden Bergen. Die Fernsicht über den Felseinschnitt in die weite Ebene ist grandios. Besonders beeindruckend ist bei gutem Wetter der

Im mittelalterlichen Kreuzgang findet man ein ruhiges Plätzchen für eine kleine Rast

Blick vom Gipfel des 1235 m hohen *Sant Jeroni*, der in etwa 2 Std. zu Fuß oder – in bedeutend kürzerer Zeit – mit der Seilbahn zu erreichen ist.

Praktische Hinweise

Hotel

Abat Cisneros, Plaça de Santa Maria, Montserrat, Tel. 9 38 35 02 51, Fax 9 38 85 06 59. Ausgesprochen einfaches, von den Mönchen geführtes Hotel inmitten des Klosterbezirks.

Die hellen Stimmen der Sängerknaben von Montserrat singen das Lob Gottes

Costa Daurada – ›vergoldete Küste‹ und gebirgiges Hinterland

Lang, breit und feinsandig sind die Strände der Costa Daurada. Wenn sie die Abendsonne in **rotgoldenes Licht** zu tauchen scheint, wird offensichtlich, wie diese Küste zu ihrem Namen kommt, denn *daurada* bedeutet ›vergoldet‹.

Die nahegelegen Gebirgszüge wie die *Sierra del Boix* oder die *Sierra de la Pedrera* halten den *Tramuntana*, den Wind aus dem Landesinneren, ab. So herrscht an der Küste das ganze Jahr hindurch ein **mildes Klima** mit wenigen Regentagen. Das angenehme Wetter und die einladenden Strände waren auch ausschlaggebend für den touristischen Ausbau der Küste ab Ende der 1960er-Jahre. Neue Badeorte wurden aus dem Boden gestampft und alte Siedlungen erweitert, um Platz für die sonnenhungrigen Massen aus dem Norden zu schaffen. Aber entlang dieser 216 km langen Küste mit 786 ha Stränden gibt es neben den Touristenghettos nach wie vor gemütliche kleine **Urlaubsorte**, die in erster Linie Fischerdörfer sind und erst in zweiter Linie vom Tourismus leben.

Die Costa Daurada beginnt im Norden bei Calafell, an der Grenze zur Provinz Tarragona. Im Süden bildet die Grenze der **Ebro**, der mächtigste Strom Spaniens, der in der *Cordillera Cantabrica,* dem Kantabrischen Gebirge, entspringt, bei Tortosa ein mächtiges, rund 40 km langes Delta bildet und sich schließlich ins Mittelmeer ergießt. Der Naturpark **Delta d'Ebre** ist das größte Feuchtgebiet Kataloniens und ein Paradies für Vogelfreunde.

Hat man an der Küste genug Sonne ›getankt‹, so wartet ein grandioses **Hinterland** darauf, entdeckt zu werden. **Tarragona** ist die Hauptstadt der gleichnamigen Provinz und mit 115 000 Einwohnern auch ihre mit Abstand größte Stadt. Einst mächtigste Siedlung des römischen Reiches auf der iberischen Halbinsel, hat es Tarragona geschafft, seine große Geschichte in die Gegenwart einzubeziehen. Heute bürgt die moderne Industriestadt mit dem Flair eines Ferienortes für hohe Lebensqualität. Mandel- und Haselnussplantagen, dazwischen vereinzelt Olivenhaine prägen das oft wilde, menschenleere Binnenland zwischen Tarragona und dem an der westlichen Provinzgrenze gelegenen Lleida, in das sich im Mittelalter Zisterziensermönche zurückzogen und mächtige **Klöster** wie Poblet und Santes Creus gründeten.

34 Tarragona   *Plan Seite 100*

Einst römische Metropole, heute lebendige Provinzhauptstadt mit geschäftigem Hafen.

Die Hauptstadt der gleichnamigen Provinz ist in den letzten Jahrzehnten stark gewachsen, Neubauviertel wucherten in gleichem Maß wie Industrieanlagen. Immerhin verfügt Tarragona (115 000 Einw.) nach Barcelona über den zweitgrößten **Hafen** Kataloniens.

Darüber hinaus ist Tarragona eine uralte Ansiedlung, die schon im Römischen Imperium als Metropole galt. Glücklicherweise hat diese Stadt mit Vergangenheit auch eine lebendige Gegenwart und schwelgt nicht nur in Erinnerungen an die große Zeit. Römische Ruinen findet man in Tarragona allenthalben, doch sind sie nicht nur Touristenattraktionen, sondern wurden als Oasen der Ruhe integriert. Auch die **Altstadt** ist weit entfernt von musealer Atmosphäre. Sie wird belebt von Restaurants und Kneipen, die zeigen, dass Tarragona wie eine funktionierende Großfamilie Uraltes und Blutjunges unter einen Hut bringt.

Geschichte Die strategisch günstige Lage auf einem Hügel 70 m über dem Meer,

◁ *Facetten des Südens: fruchtbares Tal des Ebro, geschichtsträchtiges Kloster Poblet und die alte Römerstadt Tarragona* dazu ein natürlicher Hafen und gute Verbindungen ins Hinterland machten Tarragona zu einem idealen Ausgangspunkt für die **Romanisierung** der Iberischen Halbinsel. Die Römer nahmen die bereits bestehende, wahrscheinlich iberische Siedlung 218 v. Chr. ein und bauten sie zur prächtigen Hauptstadt der Provinz *Hispania citeriors* aus, des späteren *Tarraconensis*. Julius Caesar verlieh *Tarraco* 45 v. Chr. den Titel *Colonia Julia Urbs Triumphalis Tarraconensis*. Zu diesem Zeitpunkt war Tarragona mit rund 30 000 Einwohnern für die damalige Zeit bereits eine **Großstadt**, eine der bedeutendsten Niederlassungen des Imperiums, in der zeitweilig die Kaiser Augustus und Hadrian residierten.

Das **Christentum** setzte sich früh durch. Der Legende nach war es kein geringerer als der Apostel Paulus, der das Wort Gottes hier verbreitete. Bereits im 3. Jh. war Tarragona **Bischofssitz**. Ein Niedergang folgte mit der Eroberung durch die Westgoten im 5. Jh. und der arabischen Invasion im Jahr 716. Die Stadt wurde gänzlich entvölkert und erst nach der christlichen Rückeroberung 1117 durch Graf Ramón Berenguer III. wieder besiedelt. Die politische Vormachtstellung in der Region war zwar in der Zwischenzeit an Barcelona verloren gegangen, aber Tarragona blieb als Sitz des Erzbischofs **religiöses Zentrum**.

Das 15. Jh. brachte – wie in ganz Katalonien – eine erneute Rezession, und erst Mitte des 19. Jh. ging es im Zuge der Industrialisierung wieder bergauf. Ende des 19. Jh. wurde die Neustadt angelegt, Tarragona entwickelte sich zu einer wichtigen Hafenstadt und einem Zentrum der petrochemischen Industrie.

Archäologischer Spaziergang

Der ausgeschilderte **Passeig Arqueològic** ❶ (Juni–Sept. 9–20, Okt.–Mai 10–13.30 und 15.30–18.30 Uhr) beginnt im Norden an der **Plaça del Pallol**. Durch das römische *Portal del Roser* führt er zwischen den doppelten Wällen der historischen Stadtbefestigung etwa 1 km um einen Teil der Altstadt herum. Die *innere Mauer* ist die ältere, ihre Basis bilden riesige Megalithblöcke aus der frühen römischen Periode (Ende des 3. Jh. v. Chr.), darüber lagern Quadersteine aus der republikanischen und kaiserlichen Zeit. Den Abschluss bildet mittelalterliches Mauerwerk. Die *äußere Mauer* mit ihren drei erhaltenen Türmen entstand erst ab 1707 unter den Habsburgern. Blumenrabatten und Baumgruppen säumen den Spazierweg, auf dem sich immer wieder schöne **Ausblicke** auf Stadt und Umland auftun. Der Passeig endet im Südosten am **Portal de Sant Antoni**, von wo aus man wieder in die Altstadt gelangt.

Catedral Santa Tecla ❷

Auf dem höchsten Punkt der Stadt lag in römischer Zeit der Jupitertempel, der einer frühchristlichen Basilika weichen musste. Diese wiederum wurde von den

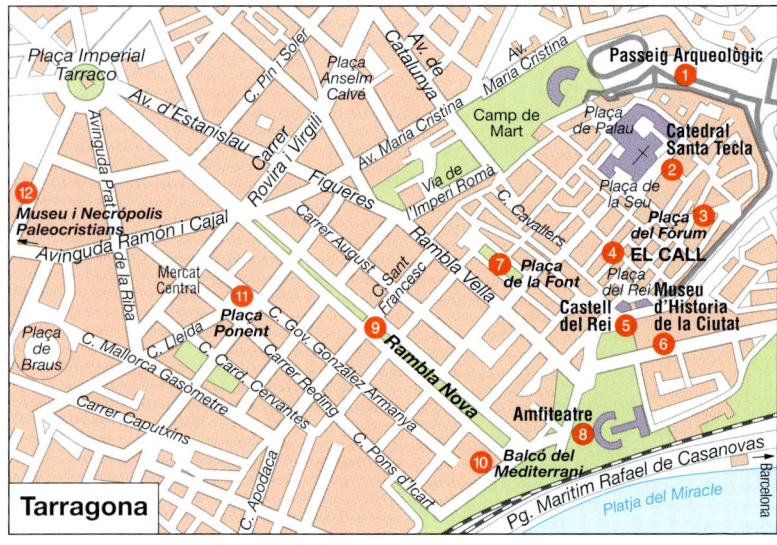

Tarragona

Über dem romanischen Hauptbau der Kathedrale erhebt sich der gotische Vierungsturm

maurischen Eroberern durch eine Moschee ersetzt, an deren Stelle man nach der christlichen Rückeroberung mit dem Bau der **Kathedrale** begann (Juli−Mitte Okt. tgl. 10−19, sonst 10−13 und 16−19 Uhr). Die Arbeiten zogen sich von 1171 bis 1331 hin. Es entstand ein beeindruckendes Beispiel der Kirchenbaukunst im Übergangsstil zwischen Romanik und Gotik. Schon die mächtige **Hauptfassade** vereint Formen der Romanik mit gotischem Dekor. Filigran wirkt die Maßwerkrosette, elegant sind die Figuren: Das Tympanon schildert in drastischen Bildern das Jüngste Gericht. Als liebreizende Fürbitterin erscheint die Muttergottes auf dem Mittelpfeiler des Portals, ihr zur Seite stehen die Gewändefiguren der Apostel. Meister Bartomeu schuf die französisch inspirierten Figuren im späten 13. Jh.

Der Besuch der Kathedrale ist gebührenpflichtig und schließt die Besichtigung des Diözesanmuseums (s. u.) ein. Man betritt das Gotteshaus von Norden her durch den stimmungsvollen **Kreuzgang**, der ab dem Ende des 12. Jh. errichtet wurde. Seine Säulengänge umgeben einen quadratischen Innenhof, der in einen mediterranen Garten mit Orangenbäumen, Rosenstöcken und Akanthusblüten verwandelt wurde. Bemerkenswert sind die *romanischen Kapitelle* des Kreuzganges aus weißem Marmor. Sie erzählen fantastische Geschichten; so ist etwa im Süden eine Prozession von Ratten zu sehen, die eine Katze zu Grabe tragen.

Martern wie die Flammen irdischen Feuers konnten der hl. Thekla nichts anhaben

Kunstfertige Meisterstücke aus römischer Zeit stellt das Museu Nacional Arquelógic aus

Einige der Seitenräume des Kreuzgangs bergen heute das **Museo Diocesano**. Das Diözesanmuseum verfügt über eine hervorragende Kunstsammlung, deren Schwerpunkt auf der christlichen Kunst des Mittelalters liegt. Gezeigt werden aber auch ausgewählte Exponate aus römischer und maurischer Zeit.

Der 104 m lange und 54 m breite, an sich dunkle **Innenraum** der Kathedrale ist hervorragend ausgeleuchtet und liefert ein Beispiel für das Geschick der Katalanen zur Inszenierung eines Bauwerks. Flämische Wandteppiche des 16. und 17. Jh. schmücken die Wände, leise Orgelmusik unterstreicht die mystische Stimmung des Kirchenraums. Den auffälligen **Hauptaltar** aus Alabaster schuf Pere Joan im 15. Jh. Beachtenswert ist besonders seine *Predella*, die drastisch Szenen aus Leben und Martyrium der hl. Thekla schildert. Die Schutzpatronin Tarragonas soll auf wundersame Weise aus zahlreichen Folterqualen gerettet worden sein. Sie wird am 23. September mit einem *Patronatsfest* gefeiert. Rechts vom Hochaltar befindet sich das **Grabmal** Juans von Aragón, der als Erzbischof von Tarragona 1331 die Kathedrale weihte. Der figurenumstandene Sarko-

phag ist ein ausgezeichnetes Beispiel gotischer Plastik des 14. Jh.

In der nördlichen Seitenapsis liegt die **Capilla de Santa Maria de los Sastres**, für die im 14. Jh. die Bruderschaft der Schneider verantwortlich war. Der *Marienaltar* aus Alabaster (1368) ist das Werk des französischen Meisters Aloy, die noch teilweise original erhaltenen Buntglasfenster schuf 1358 Meister Launtungart. Von den zahlreichen weiteren Kapellen sei noch die in der Mitte der südlichen Längsseite gelegene **Capilla de Santa Tecla** genannt. Sie ist mit reichen Marmorreliefs und figürlichen Allegorien der Kardinaltugenden Mäßigkeit, Klugheit, Gerechtigkeit und Tapferkeit geschmückt. Außerdem wird in ihr eine Reliquie der hl. Thekla aufbewahrt.

Römisches Tarragona

Die meisten der zahllosen Tempel, prunkvollen Villen und Badeanlagen aus der großen Zeit *Tarracos* wurden im Laufe der Jahrhunderte bis auf die Grundmauern zerstört. Vom Kathedralvorplatz *Pla de la Seu* ist es nicht weit nach Süden zur **Plaça del Fòrum** ❸. Hier wurden Reste des römischen Forums freigelegt. Es bleibt jedoch der Fantasie des Betrachters überlassen, sich die antiken Dimensionen der Stätte vorzustellen, die nach historischen Berichten 300 × 200 m eingenommen haben soll und von der aus die *Provincia Tarraconensis* regiert wurde.

Bei einem Streifzug durch die umliegenden, schmalen mittelalterlichen Gassen besichtigt man gleichzeitig die Überreste des einstigen Judenviertels **El Call** ❹, das sich heute im wesentlichen auf die drei Straßenzüge der Carrer Santa Anna, Carrer Talavera und Carrer Portella beschränkt. Vereinzelte hebräische Inschriften erinnern an die Bevölkerungsgruppe, die das Leben im mittelalterlichen Spanien stark prägte, bis die Katholischen Könige Isabella und Ferdinand sie 1492 des Landes verwiesen.

Im Westen stößt man auf die **Plaça del Rei** mit dem **Castell del Rei** ❺, der Königsburg. Es wird auch *El Pretorio*, Prätorium, oder irrtümlicherweise *Palacio del Augusto*, Palast des Augustus, genannt. Tatsächlich handelt es sich um einen der römischen Türme aus dem 1. Jh. v. Chr., die das Forum der Provinz flankierten. Er diente im Mittelalter als *Königlicher Palast* und wurde entsprechend umgebaut. Heute beherbergt er das Stadtmuseum **Museu d'Historia de la Ciutat** ❻ (Di–Sa 10–13.30 und 16–19, So

10–14 Uhr). Schmuckstück der stadtgeschichtlichen Sammlung, die sich im wesentlichen aus römischen Exponaten zusammensetzt, ist der *Sarkophag des Hippolyt* aus Marmor. Inhaltlich passend stellt im angrenzenden Neubau das **TOP TIPP** angegliederte **Museu Nacional Arqueològic** (Juni–Sept. Di–Sa 10–20, So 10–14, Okt.–Mai Di–Sa 10–13.30 und 16–19, So 10–14 Uhr, Internet: www.mnat.es) Funde aus dem antiken Tarraco aus, darunter wertvolle Mosaiken und Skulpturen, die vorbildlich präsentiert werden.

An den nordwestlich gelegenen römischen **Circus** erinnern nur wenige Überreste, da er im 19. Jh. teilweise durch die **Plaça de la Font** ❼ überbaut wurde. Seine Ausmaße waren mit 347 × 110 m jedoch beachtlich, und 23 000 Zuschauern konnten hier die beliebten Wagenrennen verfolgen. Heute wird der Platz vom klassizistischen *Rathaus* dominiert und ist ein lebendiger Treffpunkt mit vielen Bars und Restaurants.

Vor der Kulisse des Mittelmeers über dem beliebten sandigen Hausstrand **Platja del Miracle** erhebt sich im *Parc del Miracle* das recht gut erhaltene **Amfiteatre** ❽ (Juni–Okt tgl. 9–20, Nov.–Mai Mo–Sa 10–13.30 und 15.30–18.30, So

Treffpunkt und ›Flaniermeile‹ ist der Platz vor dem Hauptportal der Kathedrale

103

Auf der Rambla Nova zeigt Tarragona sein modernes Gesicht

9–15 Uhr). In dieser Arena konnten bis zu 12 000 Zuschauer den grausamsten Spielen der Antike folgen, den Tier- und Gladiatorenkämpfen. 259 n. Chr. erlitten hier Bischof Fructuosus und seine Diakone Augurio und Eulogio den Märtyrertod. Zu ihrem Gedächtnis wurden im 6. Jh. eine westgotische Basilika und im 12. Jh. darüber die romanische Kirche *Santa Maria del Miracle* ins Oval der Arena gebaut. Davon sind heute nur noch Überreste zu sehen, die Antike überdauerte die Monumente des Christentums.

Neustadt

Den Mittelpunkt der Neustadt, die erst Mitte des 19. Jh. im Westen zu Füßen des Altstadthügels angelegt wurde, bildet die **Rambla Nova** 9, der schnurgerade auf das Meer zulaufende Flanierboulevard Tarragonas. Dies ist der Parcour für den abendlichen Spaziergang, gesäumt von zahlreichen Straßencafés, wo man ein Schwätzchen hält und sich bei einem *Café solo* Appetit fürs Abendessen holt. Am meerseitigen Ende der Rambla kennzeichnet das *Denkmal des Admirals Roger de Llúria* den kleinen Platz **Balcó del Mediterrani** 10. Der Name ›Balkon des Mittelmeers‹ kommt nicht von ungefähr. Es handelt sich um eine 35 m hohe Plattform, Schnittstelle zwischen dem alten

und dem neuen Tarragona, von der aus man einen hübschen Blick über Hafen und Meer genießt.

Westlich der Rambla Nova markieren an der **Plaça Ponent** 11 die Reste einer Kolonnadenreihe und zweier Tonnengewölbe den Standort des **Foro Romano** (Juni–Okt tgl. 9–20, Nov.–Mai Mo–Sa 10–13.30 und 15.30–18.30, So 9–15 Uhr). Das einstige Stadtforum war während der römischen Kaiserzeit das eigentliche Geschäftszentrum, heute lädt der hübsche baumbestandene Platz zum Entspannen ein.

Nahe einer alten Tabakfabrik am westlichen Stadtrand wurde am Passeig de la Independència 1923 eine frühchristliche Nekropole entdeckt. Neben dem dortigen **Museu i Necrópolis Paleocristians** 12 (Di–Sa 10–13 und 16.30–20, So 10–14 Uhr), das anhand von Sarkophagen, Mosaiken und Grabbeigaben über Begräbniskulte informiert, können auf dem Gelände die unterschiedlichsten christlichen Bestattungstypen des 3.–5. Jh. besichtigt werden. Insgesamt wurden rund 2050 Fundstellen katalogisiert.

Ausflug

Am linken Ufer des Río Francoli, 6 km außerhalb der Stadt in Richtung Lleida, überspannt die 217 m lange **Puent de**

Diable, die sog. Teufelsbrücke, das Flusstal. Tatsächlich handelt es sich um den **Acueducto de las Ferreras,** ein beeindruckendes Aquädukt, das Kaiser Trajan errichten ließ. Es versorgte ab ca. 100 n. Chr. das römische *Tarraco* mit dem klaren Wasser des *Río Gaya*. Zweistöckige Arkadenreihen – unten elf, darüber 25 gleichartige Bögen – tragen den in 27 m Höhe verlaufenden Kanal.

Praktische Hinweise

Information: Oficina de Turismo, Carrer Fortuny 4, Tel. 9 77 23 34 15, Fax 9 77 24 47 02. Oficina Municipal de Turismo, Carrer Mayor 39, Tel. 9 77 24 50 64, Fax 9 77 24 55 07

Hotels

*** **Lauria**, Rambla Nova 20, Tel. 9 77 23 67 12, Fax 9 77 23 67 00. Zentral gelegenes, in Teilen modernisiertes Mittelklassehotel mit etwas verblichenem Charme und kleinem Pool.

*** **Urbis**, Carrer Reding 20 bis, Tel. 9 77 24 01 16, Fax 9 77 24 36 54.

Nettes kleines Mittelklassehotel in der Neustadt. Parkplatz inklusive.

** **Nuria**, Via Augusta 217, Tel. 9 77 23 50 11, Fax 9 77 24 41 36. Einfaches, doch solides Haus mit sehr gutem Preis-Leistungsverhältnis.

Restaurants

Bar Coimbra, Carrer Gobernador Gonzalez 6. Rustikale Kneipe mit deftigen *Tapas* zu günstigen Preisen. Den Aperitif nimmt man in der Bar nebenan ein. Gute Weine vom Fass.

Can Llesques, Carrer Natzaret 6 / Plaça del Rei, Tel. 9 77 22 29 06. Die Katalanen lieben deftige Brotzeiten, und hier hat man die Qual der Wahl zwischen fast 200 Varianten. Wer warme Küche vorzieht, kann zwischen mehreren günstigen Gerichten von der Tageskarte wählen. Ab 21.30 Uhr ist es sehr voll!

Les Coques, Baixada del Patriarca 2 bis, Tel. 9 77 22 83 00. Gepflegtes Restaurant nahe der Kathedrale mit vielseitiger Speisekarte, von *Suquet de peix* (Fischeintopf) bis Omelettes.

Trachten und Tänze sind im September während des Stadtfestes Fiesta de Tecla zu sehen

Handwerkskunst in Tarragona: römisches Fußbodenmosaik mit Medusenhaupt

España war Hispania

*Barcino, Empurion, Gerunda, Tarraco – die Liste der auf römische Gründungen zurückgehenden bedeutenden Städte Kataloniens ließe sich lange fortsetzen. Der Sieg Roms im 2. Punischen Krieg gegen Karthago (218–211 v. Chr.) führte zu einer länger als 200 Jahre während Kolonisierung und Romanisierung von **Hispania**, wie die Römer die iberische Halbinsel nannten.*

*Für den Aufbau von **Verwaltung** und urbaner Kultur der Kolonien zwischen Gades (Cádiz) und Gerunda (Girona) waren gewaltige Bauten nötig. Die römische Stadtkultur nahm ihren Anfang in Veteranenstädten wie Itálica und Municipium Emporae (Empúries) und entwickelte sich – etwa in Tarraco – zu hoher kultureller und wirtschaftlicher*

*Blüte. Für die Wasserversorgung wurden Aquädukte gebaut, Thermen und Bäder sorgten für Hygiene, Amphitheater boten Bühnen für Wagenrennen und Gladiatorenkämpfe. Der Triumphbogen Arc de Berà bei Coma.Ruga lag an der **Via Augusta**, einer der bedeutendsten Handels- und Militärstraßen des römischen Reiches von Ost nach West.*

*Unter Kaiser Augustus wurde Hispania in die Provinzen **Baetica** (Andalusien), **Tarraconensis** (Ebro-Tal und Mittelmeerküste) und **Lusitania** (entspricht in etwa dem heutigen Portugal und der Extremadura) neu gegliedert. Córdoba, Mérida und Tarragona waren die Zentren der bis ins 5. Jh. während römischen Herrschaft auf spanischem Boden.*

35 El Vendrell

Heimat des begnadeten Cellisten Pau Casals.

Die knapp 12 000 Einwohner zählende Hauptstadt des Bezirks Baix Penedes liegt wenige Kilometer östlich von Tarragona unweit der Küste im Zentrum eines kleinen Weinanbaugebietes. Der Ort selbst verfügt über einen ansprechenden **Altstadtkern**, der sich um die barocke Pfarrkirche *San Salvador* aus dem 18 Jh. gruppiert. Bekannt ist El Vendrell vor allem als Geburtsort des Cellisten **Pau**

(span. Pablo) **Casals** (1876–1973), dem die Stadtväter auf dem Hauptplatz ein Denkmal setzten. Wenige Meter entfernt steht das Geburtshaus des Musikers, der als überzeugter Antifaschist und Franco-Gegner von 1937 bis zu seinem Tod im Exil in Südfrankreich lebte.

In dem zu El Vendrell gehörenden Strand- und Hafenviertel *Sant Salvador* wurde dem berühmtesten Sohn der Stadt die **Casa Museu Pau Casals** (April–Sept. Di–So 11–14 und 17–20, Okt.–Mai Di–So 11–14, Sa/So auch 17–19

Uhr) gewidmet. Das Museum ist in Casals' einstigem Strandhaus untergebracht und bewahrt Fotos, Dokumente und zahlreiche weitere Erinnerungsstücke des großen Musikers. Gegenüber wurde ein *Konzertsaal* errichtet, in dem im August **Musikfestspiele** stattfinden.

Eingemeindet ist auch der Ferienort **Coma.Ruga**, der im wesentlichen aus Wochenendhäusern und Campingplätzen besteht. Hauptattraktion ist hier der extrem breite *Sandstrand*.

Ausflug

Die weiter westwärts, Richtung Tarragona, verlaufende Küstenstraße N 340 folgt der römischen *Via Augusta*, der ehem. kaiserlichen Heerstraße, die von Gallien bis in den Süden Hispaniens führte. Unvermittelt taucht bei dem Dorf *Creixell de Mar* ein Relikt aus römischer Zeit auf, der **Arc de Berà.** Der elegante, 10 m hohe und ebenso breite Triumphbogen wurde im 2. Jh. n. Chr. unter Trajan (53–117) zur Erinnerung an den Konsul Lucius Licinus Sura errichtet. Dieses einzige erhaltenen Monument seiner Art in Spanien befindet sich in ausgezeichnetem Zustand, die korinthischen Kapitelle wirken ebensowenig angenagt vom Zahn der Zeit wie die noch gut lesbare Widmungstafel des Kaisers.

Praktische Hinweise

Information: Oficina de Turisme, Carrer Dr. Robert 33, El Vendrell, Tel. 9 77 66 02 92, Fax 9 77 66 59 24. Plaza Germans Trilla s/n, Coma.Ruga, Tel. 9 77 68 00 10, Fax 9 77 68 36 54

36 Calafell

Es lockt der feine Sandstrand …

TOP TIPP Einen breiten, 3 km langen Strand, die **Platja de Sant Salvador**, aus hellgelbem Sand hat das Städtchen zu bieten, dazu zahlreiche, im Sommer höchst belebte *Fischrestaurants*, von deren Terrassen aus man die berühmten, farbenglühenden **Sonnenuntergänge** wunderbar genießen kann. Davon abgesehen besitzt das auf einem Hügel gele-

Einst durchschritten Roms Legionen den Arc de Berà, der die Via Augusta überspannte

gene Calafell eine hübsche **Altstadt**. Durch mittelalterliche Gassen gelangt man zu der alles überragenden Ruine eines *Kastells*, dessen Ursprünge wahrscheinlich noch auf römische Zeiten zurückgehen. Seine Mauern schließen auch die kleine romanische *Pfarrkirche* (11. Jh.) ein, deren Krypta Reste frühromanischer Fresken bewahrt.

Vor rund 2500 Jahren gründeten Iberer zwischen den heutigen Orten Calafell und Segur eine befestigte Siedlung, die zur Römerzeit verfiel. Vor wenigen Jahren wurde die rekonstruierte Niederlassung bei Km 57,5 an der C-246 als **Ciutadella Ibèrica** (Mo–Sa 10–14 und 16–18.30, im Sommer bis 20 Uhr) der Öffentlichkeit zugänglich gemacht. Ein Rundgang führt durch Häuser, Werkstätten und Kulträume und vermittelt ein Bild vom Leben der Urbevölkerung.

Praktische Hinweise

Information: Oficina de Turisme, Carrer Sant Pere 29–31, Calafell, Tel./Fax 9 77 69 29 81

Hotels

*** **Miramar**, Rambla Costa Daurada s/n, Calafell, Tel. 9 77 69 07 00, Fax 9 77 69 03 00. Großes Komforthotel am Strand. Swimmingpool im Garten.

*** **Victoria**, Carretera Barcelona 98, Segur de Calafell, Tel. 9 77 16 20 02, Fax 9 77 16 20 08. Angenehmes, kleineres Strandhotel mit Swimmingpool, Sauna und einfachem Gymnastikraum.

37 Altafulla

Dörfliches Kleinod am Mittelmeer, dessen hübsche Umgebung schon die Römer als Sommersitz schätzten.

Das kleine Altafulla, 14 km nordöstlich von Tarragona, hat sich längst dem Fremdenverkehr geöffnet und ist dennoch ein malerischer Ort geblieben. Viele Bürger aus Tarragona und Barcelona besitzen am langen, sandigen Strand eine Zweitwohnung oder ein Wochenendhäuschen.

Seine Glanzzeit erlebte Altafulla im 18. Jh., als die Gemeinde durch den **Weinhandel** mit Amerika reich wurde, seine Geschichte reicht jedoch weiter zurück. Bereits im 1. Jh. ließ sich der römische Gouverneur auf einem Hügel nahe dem hübschen Sandstrand eine *Sommervilla* mit Meerblick errichten.

Die engen Gassen der Altstadt von Altafulla wecken die Entdeckerlust

Ein ehemaliges Kastell beherrscht Bucht und Strand von Tamarit

Wie prachtvoll sie war, kann man bei einem Besuch der Ausgrabungsstätte **Villa Romana dels Munts** (Mo – Sa 10 – 13.30 und 16 – 19.30, im Winter 15 – 17.30 Uhr) im heutigen Barri Marítim noch erahnen, wenn auch die originalen Mosaike und Statuen ihren Platz im *Museu Nacional Arqueològic* von Tarragona [s. S. 103] gefunden haben. Immerhin gehörten zu dem Anwesen drei Thermen mit mehreren Bädern.

Die mauerumgebene Altstadt von Altafulla wird dominiert von dem im frühen Mittelalter erbauten **Castillo de Montserrat**. Das heute recht verfallene Gemäuer wird im 11. Jh. erstmals als Sitz der Grafen von Tamarit erwähnt.

Tamarit de Mar

1 km westlich liegt der kleine, eingemeindete Badeort, den im 12. Jh. der Erzbischof von Tarragona zum Sommersitz erwählte. Über der Mündung des *Riu Gaià* auf einem Felsen am Strand erhebt sich das mittelalterliche **Castell de Tamarit**, im 11. Jh. zum Schutz gegen die vordringenden Mauren erbaut. Innerhalb seiner Mauern liegt eine dem hl. Martin

geweihte romanische Kirche. Der wuchtige Wehrturm **Torre de la Mora** wurde 1562 hinzugefügt, als immer wieder plündernde Piraten das friedliche Städtchen heimsuchten.

Torredembarra

Die knapp 6000 Einwohner des Ferienortes leben neben dem Fremdenverkehr von Fischerei, Ackerbau und Handel. Entsprechend verfügt der Ort über eine intakte Infrastruktur und mit *La Marina de Torredembarra* noch über ein lebendiges Fischerviertel. Daran schließen sich auf 7 km die herrlichen, sanften Dünen des **Strandes** und kleinere Buchten an, die im Sommer zahlreiche Badegäste anziehen. Die größtenteils intakte mittelalterliche Altstadt wird vom **Castell de Santa Clara** beherrscht. Die Burg stammt aus dem 12. Jh., wurde allerdings im 16. Jh. im Renaissancestil erneuert.

Praktische Hinweise

Information: Oficina de Turisme, Avinguda Pompeu Fabra 3, Altafulla, Tel. 9 77 64 03 31, Fax 9 77 64 38 35. –

Hoch hinaus wollen die Castellers von Valls – und bauen aufeinander

Plaça dels Vents s/n, Torredembarra, Tel. 9 77 65 07 52, Fax 9 77 65 08 42

38 Reus

Geburtsstadt der beiden Kunstschaffenden Antoni Gaudí und Marià Fortuny.

Reus mit seinen 58 000 Einwohnern ist keine Touristenstadt, obwohl ein Großteil der Besucher der Costa Daurada auf dem hiesigen *Charterflughafen* landet. In erster Linie ist es **Handelszentrum** für Agrarprodukte und Einkaufsstadt. Trotzdem erfreut sich der Ort internationaler Bekanntheit, erblickten doch hier zwei berühmte katalanische **Künstler** das Licht der Welt: der Maler *Marià Fortuny i Carbó* (1838–1874) und der große Architekt des katalanischen Jugendstils, *Antoni Gaudí i Cornet* (1852–1926).

Wenig Altertümer hat die Stadt zu bieten, dafür eine lebendige Gegenwart. Ein Bummel beginnt an der **Plaça de Prim** mit dem *Teatro Fortuny*. Auffällig ist die Vielzahl der prächtigen Modernisme-Bauten im Stadtzentrum, die an die Blütezeit der Stadt Ende des 19. Jh. erinnern. Besonders beeindruckend ist die Jugendstil-Fassade des 1901 von Lluís Domè-

nech i Montaner geschaffenen Privathauses **Cal Navàs** am Marktplatz.

Einen Besuch lohnt auch die Kirche **Sant Pere** am gleichnamigen Platz, von deren Glockenturm man einen großartigen Blick über die Costa Daurada genießt. Das Gotteshaus wurde im 16. Jh. in gotischem Stil anstelle einer früheren Kirche aus dem 13. Jh. erbaut. Innen offenbart sie sich aber als barock, etwa in der Gestaltung der *Grabkapelle* für die Grafen von Tamarit.

Auch das **Museu Comarcal** (Di–So 9.30–16 Uhr) an der Plaça de la Llibertat ist sehenswert, nicht zuletzt, weil in seinen Räumen das wertvolle *Messbuch von Reus* (1363) mit herrlichen Miniaturen ausgestellt ist. Daneben werden Keramikarbeiten der Region und Gemälde von Marià Fortuny gezeigt. Des berühmtesten Sohnes der Stadt, Antoni Gaudí, der in Reus keine architektonischen Spuren hinterließ, wird mit Fotos, Zeichnungen und Bauplänen in einem eigenen Saal gedacht.

Praktische Hinweise

Information: Oficina de Turisme, Plaça de la Llibertat s/n, Reus,

Tel. 9 77 34 59 43, Fax 9 77 34 00 10. Lohnend sind die kostenlosen Stadtführungen des Fremdenverkehrsamtes (Juni – Sept. Mo – Sa, 12 und 19 Uhr).

39 Valls

Heimat der lebenden Pyramiden.

Der nette kleine Ort (15 000 Ew.) am Oberlauf des Ríu Francolí ist meist Durchgangsstation auf dem Weg nach Santes Creus [Nr. 40], lohnt aber durchaus einen Aufenthalt. Hier wurden die **Castellers** erfunden, auch *Xiquets de Valls* genannt. Diese Menschenpyramiden sind mehrere Meter hoch: Erst formieren sich einige starke Männer zu einem Kreis, auf ihre Schultern steigt die nächste Riege. Insgesamt kann der sich nach oben zu verjüngende Turm 7–8 Stockwerke hoch aufragen. Auf die Spitze klettern schließlich die Fliegengewichte der Truppe. Nicht nur Akrobatik und Kraft sind hier gefragt, sondern auch Gleichgewichtssinn und ruhige Nerven, denn mit der Höhe des menschlichen Turms wächst auch das Unfallrisiko. Wie die *Sardana* [s. S. 79] gehören die *Castellers* zum Brauchtum der Katalanen und halten an Festtagen die Massen nach wie vor in Atem. Ihnen ist in Valls an der Straße Richtung Santes Creus ein *Denkmal* gewidmet.

Kunstfreunde sollten die 1605 erbaute **Capella del Roser** (tgl. 11–13 Uhr) in der Fußgängerzone mit ihren wunderschön bemalten Kacheln besichtigen. Diese im 17. Jh. entstandenen *Azulejos* zeigen Szenen einer Seeschlacht.

Praktische Hinweise

Information: Oficina de Turismo, Plaça del Blat 1, Tel. 9 77 60 10 50

40 Santes Creus   *Plan Seite 112*

Einstige Hochburg des Zisterzienserordens.

Der Weg zum *Monasterio de Santes Creus* führt von Tarragona aus in Richtung Els Pallaresos in das hügelige Hinterland. Nach etwa 30 km kann man unterhalb der Straße die Gebäude des Zisterzienserklosters inmitten eines ruhigen Tales ausmachen.

Geschichte Santes Creus, das *Kloster der heiligen Kreuze*, wurde 1150 von **Zis-**

terziensermönchen aus Südfrankreich gegründet und in späteren Jahrhunderten prunkvoll ausgebaut. Im 13./14. Jh. diente die Klosterkirche zwei Generationen lang als **Grablege** der Könige von Aragón-Katalonien. 1376–78 wurde der Konvent mit einer zinnenbekrönten Mauer umgeben, wodurch die Anlage noch heute trutzig und festungsartig wirkt. Schon im 13. Jh. ließ Pere III. einen Königspalast anbauen, den Jaume II. im 14. Jh. erweiterte.

Nach der **Säkularisierung** 1835 verließen die Mönche Santes Creus, das Marodeure niederbrannten und plünderten. Rund 100 Jahre später begannen die ausgezeichnet ausgeführten Restaurierungsarbeiten. 1843 zogen einige Familien aus der Umgebung in die leerstehenden Wohnhäuser an der *Plaça Major*, dem Hauptplatz des ehem. Klosters, die betagten Mönchen als Alterssitze gedient hatten. Daraus entstand das heutige **Dorf** Santes Creus.

Besichtigung Vor dem Besuch des Klosters sollte man, rechts vom Hauptein-

Den Kreuzgang von Santes Creus sollte man in Muße auf sich wirken lassen

gang, das Angebot der **Multimediaschau** (April–Okt. tgl. 10–13 und 15.30–19, Nov.–März tgl. 10–13 und 15.30–18 Uhr) als Einführung in die Welt der Zisterzienser nutzen. Sie dauert 30 Minuten und ist auch auf deutsch verfügbar.

Die Anlage von Santes Creus ist drei- bzw. viergeteilt: Auf zwei Höfe folgt das eigentliche Kloster, an das sich der *Palacio Real*, der Königliche Palast anschließt. Durch ein schlichtes Portal betritt man zunächst den von Wirtschaftsgebäuden gesäumten *Vorhof*. Von hier aus führt die türmchenbekrönte *Puerta de la Asunción*, das Mariä-Himmelfahrts-Tor, zur **Plaça Major [A]**. Die Mitte des langgestreckten Platzes markiert ein barocker *Springbrunnen*. Umgeben ist er von privaten Wohnhäusern sowie dem ebenfalls barocken *Abtpalast* aus dem 16. Jh., der der Gemeinde Santes Creus seit 1857 als Rathaus dient. Blickfang des Platzes ist das romanische **Hauptportal [B]** in der Westfassade der Klosterkirche, die von hier aus auch nicht betreten werden kann. Ihr Zinnenkranz weist das Gotteshaus als ein (auch) militärisches Gebäude aus. So ist Santes Creus ein Abbild der Welt des Mittelalters mit seinem Nebeneinander von religiösen und weltlichen Kräften.

Von der Plaça Major aus erhält man über die im Südosten liegende **Puerta Real [C]** Zugang zum eigentlichen **Klosterbezirk**. Die *Königliche Pforte* führt in den direkt an die Kirche grenzenden, prachtvollen gotischen **Kreuzgang [D]**, mit dessen Bau 1313 begonnen worden war. Das sechseckige *Brunnenhaus* im Süden des zentralen Orangenhains stammt allerdings von einem Vorgängerbau aus romanischer Zeit. Die umlaufenden Gänge sind mit Säulen verziert. Auch ihre **Figurenkapitelle**, 1331–41 geschaffen, stehen noch ganz und gar in der Tradition der Romanik. Mit ihnen setzte sich der englische Baumeister *Reinard des Fonoll* ein Denkmal. »(…) im Kreuzgang bei den lesenden Brüdern, was machen dort jene lächerlichen Monstrositäten, die unglaublich entstellte Schönheit und formvollendete Hässlichkeit?« Diesen Aufschrei des Bernhard von Clairvaux hatte der Engländer wohl überhört, und so können wir uns heute an dem bunten Nebeneinander von biblischen und weltlichen Szenen, dem Gewirr von Pflanzen, Tieren, Menschen und Fabelwesen erfreuen, sehen Narren Dudelsack spielen und einen Affen auf einem Dromedar reiten. Aus der zweiten

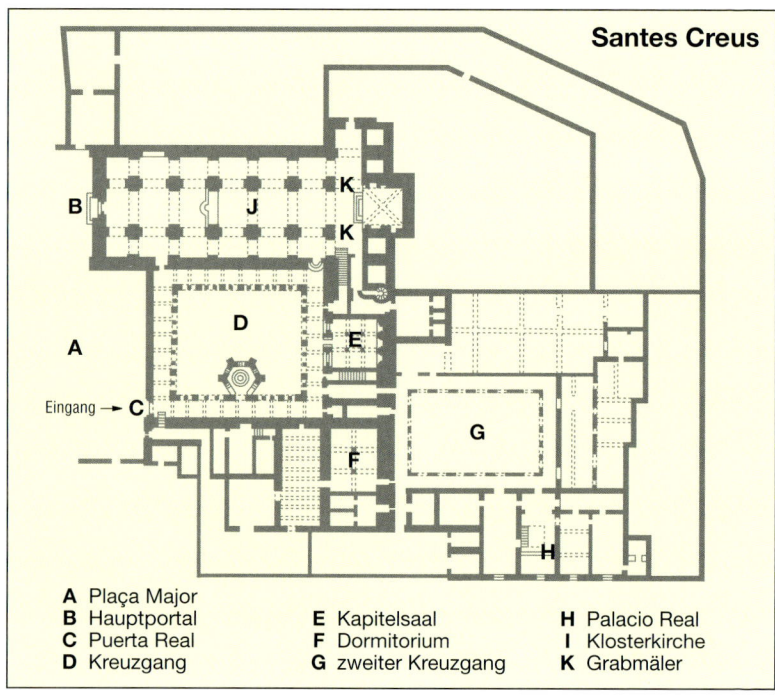

Santes Creus

A Plaça Major	**E** Kapitelsaal	**H** Palacio Real
B Hauptportal	**F** Dormitorium	**I** Klosterkirche
C Puerta Real	**G** zweiter Kreuzgang	**K** Grabmäler
D Kreuzgang		

Vom Geist des Zisterziensertums

*»Die Wände der Kirchen strahlen, und ihre Armen sind in Not. Ihre Steine kleidet sie in Gold und lässt ihre Kinder nackt gehen. (...) Die Kunstgenießer finden dort genug, um ihrem Geschmack zu frönen, die Elenden aber haben nichts zu essen.« So wetterte Bernhard von Clairvaux, der Ideologe des Zisterzienserordens, 1124. Sein Zorn richtete sich gegen die reichen Klöster, in denen die Ideale des hl. Benedikt, *Ora et labora* – Bete und arbeite, längst in Vergessenheit geraten waren. 1097 gründete Robert de Molesne den Reformorden der **Zisterzienser**. Seine Blütezeit erlebte er unter Bernhard von Clairvaux (1090–1153), der dem Orden seine Regeln gab. Zurück zum einfachen Leben, hieß das Motto, und damit zurück zu den Idealen des hl. Benedikt.*

*Der Platz des Klosters war die **Einsamkeit**, wo die Mönche ohne Ablenkungen durch Besucher die nötige Ruhe für Gotteslob, Buße und Kontemplation finden sollten. Den Lebensunterhalt wollte man nicht aus Schenkungen beziehen, sondern durch die eigenen Hände Arbeit erwirtschaften. Roden, säen und ernten sollten die Brüder, um durch harte Arbeit Gott nahe zu kommen. Luxus wurde in allen Lebensbereichen abgelehnt. Die Schlafräume wurden nicht beheizt, die Kutten waren aus grobem ungefärbtem Wollstoff, weshalb die Zisterzienser auch den Beinamen **weiße Mönche** trugen. Die zwei Mahlzeiten täglich sollten einfach und fettlos sein, und auch in der **Architektur** wollte man auf überflüssigen Schmuck verzichten.*

Arbeit und Kontemplation waren zwei Eckpfeiler im Leben des hl. Bernhard

An die Stelle des üppig geschmückten Chores trat nun ein einfaches Querschiff mit geraden Abschlüssen. Ursprünglich sollten die Kirchtürme keine Dachreiter aufweisen, und auch die Verwendung von farbigem Fensterglas war untersagt.

Im Laufe der Jahrhunderte wurden die Ordensregeln jedoch immer weiter ausgelegt. Auch in den Zisterzienserklöstern nahmen Laienbrüder den Mönchen die schwere Landarbeit ab, und in den Kirchen tauchte der Chorumgang mit Kapellenkranz auf – ein gewisser Verfall trat ein. Doch nach der einschneidenden Säkularisation des 18./19. Jh. besannen sich die Zisterzienser auf ihre Wurzeln, und noch heute leben in Katalonien die Mönche und Nonnen von Poblet und Vallbona nach den Regeln des hl. Bernhard.

Hälfte des 13. Jh. stammen die herrlichen **Maßwerkfüllungen** der Spitzbögen in frühem Flamboyant-Stil.

An der Ostseite des Kreuzgangs liegt der Eingang zum **Kapitelsaal [E]** mit Kreuzrippengewölbe. In den Boden eingelassen sind die Gräber mehrerer früherer Äbte. Eine Treppe führt von hier ins Obergeschoss, in das riesige, schmucklose **Dormitorium [F]**, den Schlafsaal der Mönche, dessen Satteldach von elf mächtigen Spitzbögen getragen wird.

Durch ein kleines Sprechzimmer rechts der Treppe gelangt man vom Kapitelsaal zu dem schlichten, asketisch wirkenden **zweiten Kreuzgang [G]**. Er wurde im 17. Jh. unter Verwendung älterer Bauteile errichtet. Von dort aus führt der Weg in den profanen Teil des Klosters mit Weinkeller, Küche und Refektorium. Im Südosten des Kreuzgangs geht es über einen kleinen galerieumlaufenden Innenhof zu dem bescheidenen **Palacio Real [H]** aus dem 13. und 14. Jh., den die

Seit mehr als 700 Jahren führt die Brücke von Montblanc über den Río Francolí

Könige von Aragón und Katalonien bei ihren Besuchen im Kloster nutzten.

Bereits 1174 wurde ein Neubau der **Klosterkirche [I]** nordwestlich des ersten Kreuzganges in Auftrag gegeben und 1211 geweiht. Dieses Gotteshaus gefällt durch schlichte Erhabenheit, der Innenraum ist weitgehend schmucklos gehalten. Den Grundriss bildet nach *Bernhardinischem Modell* ein lateinisches Kreuz, abschlossen von der Hauptapsis und ihren vier Seitenkapellen. Ins Auge fallen die beiden prunkvollen gotischen **Grabmäler [K]**: Links vor dem Chor ruht unter einem vielfach durchbrochenen, farbigen Holzbaldachin *Pere III. der Große* (ca. 1240–1285). Nicht weit davon, rechts vom Chor, fanden *Jaume II. der Gerechte* (1264–1327) und dessen Gemahlin *Blanche von Anjou* ihre letzte Ruhestätte. Ihr Anfang des 14. Jh. entstandener, kunstvoll durchbrochener Sarkophag trägt zwei Liegefiguren, die das Königspaar darstellen.

41 Montblanc

Spaziergang durchs Mittelalter.

Stolz erhebt sich Montblanc knappe 30 km nördlich von Tarragona aus der Ebene zwischen den Flüssen Francolí und Anguera. Der 1155 als *Vilasalva* gegründete Ort ist in weiten Teilen noch

von seiner mittelalterlichen **Stadtmauer** umgeben, die mit drei Toren und 17 Wehrtürmen zu den besterhaltenen in Katalonien zählt. Seine große Zeit erlebte Montblanc im 14. Jh., als es zum *Herzogtum* des Kronprinzen von Aragón erhoben wurde und zu einem Machtzentrum in Katalonien wurde. Ein Spaziergang durch Montblanc führt geradewegs zurück ins Mittelalter. Die engen Gassen scheinen Geschichte zu atmen, wie beispielsweise die **Carrer dels Jueus**, deren Name daran erinnert, dass es hier einst auch ein *Judenviertel* gab.

Schon von weitem ist der Turm der mächtigen Pfarrkirche **Santa Maria La Major** aus dem 14. Jh. zu sehen. Abgesehen vom barocken Portal aus dem 17. Jh. ist der 1352 begonnene Bau ein Beispiel reinster katalanischer Gotik. Die Ausstattung des einschiffigen Kircheninneren stammt aus unterschiedlichen Epochen: Das reich geschnitzte *Chorgestühl* ist barock. Gotisch sind dagegen der steinerne *Altaraufsatz*, der den beiden Heiligen Bernat und Bernabé gewidmet ist, und eine *Statue* der Maria mit dem Jesuskind aus dem 14. Jh.

Stolz ist man in Montblanc auf die kleine einschiffige romanisch-gotische Kirche **Sant Miquel**, in der sich ab 1289 mehrmals alle drei Jahre die *Corts Catalanes*, die Ständeversammlung von Katalonien, zu Sitzungen trafen.

Information: Oficina de Turisme, Muralla de Santa Tecla 24, Tel. 9 77 86 12 32, Fax 9 77 86 24 24

42 Poblet   *Plan Seite 116*

Einst eines der mächtigsten Klöster des Abendlandes, noch heute edel und erhaben.

Haselnusssträucher, Mandelbäume und Weinberge säumen den rund 8 km langen Weg von Montblanc nach Poblet. Wie es die Bauregeln der Zisterzienser vorschrieben, liegt das Kloster in einem Flusstal, hier des *Río Francolí*. Die stimmungsvolle landschaftliche Kulisse bildet das *Gebirge von Prades*. Zu den reichen Besitztümern des Klosters gehörten auch ausgedehnte Wälder in der Umgebung, und wahrscheinlich leitet sich der Name Poblet von *Populetum* ab, dem lateinischen Wort für Pappel.

Geschichte   Poblet ist ein Zeichen des Triumphes, ein Stein gewordenes Dankesgebet nach dem Sieg über den maurischen Glaubensfeind, den Ramón Berenguer IV., Graf von Barcelona, Mitte des 12. Jh.

erfochten hatte. Gegen 1150 ließ er **Santa Maria de Poblet** gründen, und aus dem schlichten Zisterzienserkloster zum Ruhme Gottes wurde im Laufe der Jahrhunderte ein eleganter, prachtvoller *Repräsentationskomplex*. Seine mächtigen Äbte waren gleichzeitig Berater der spanischen Könige, und dank großzügiger Schenkungen des Hofes entwickelte sich Poblet zu einem der wohlhabendsten Klöster Europas. 1835 bereiteten die Säkularisation und Plünderungen dem Prunk ein vorläufiges Ende, Poblet wurde verlassen und zerfiel. Im 20. Jh. begann man mit der Restaurierung, und seit 1940 leben hier wieder rund 30 Zisterziensermönche.

Besichtigung   Der Klosterkomplex, zwischen dem 12. und 18. Jh. entstanden, ist von einer 1,5 km langen Wehrmauer umgeben und besteht aus drei ebenfalls ummauerten Bereichen. Durch die *Puerta de Prades* betritt man die äußere Sektion. Sie wurde von **Laienbrüdern** bewohnt, die Werkstätten unterhielten und die ausgedehnten Ländereien versorgten, womit sie die Autarkie des Klosters gewährleisteten. Die **Capilla de San Jordi** zur rechten ist ein Kleinod der

Prächtig, doch ohne Funktion: Kein Weg führt mehr durch das barocke Portal ins Kloster

Spätgotik. Alfonso V. der Großmütige ließ sie 1452 für den katalanischen Schutzheiligen Georg, den Drachentöter, erbauen. Daran erinnert am Portal die Reliefs eines Drachen und des königlichen Wappens. Neben der Kapelle führt die 1492 errichtete **Porta Daurada**, die Goldene Pforte, zur *Plaça Major* und damit zum zweiten Bereich der Anlage.

Auf der **Plaça Major** [A] passiert man die linker Hand liegende romanische *Capilla de Santa Catalina* und die Reste des ehem. *Abtpalastes*. Auf den zentralen Platz öffnen sich im Osten zwei Tore: die **Porta Reial** [B], das schmucklose Portal des 14. Jh., kontrastiert mit dem rechts davon stehenden, **barocken Portal** von 1669–70, das von Statuen der hll. Bernhard und Benedikt flankiert und von einer Muttergottesfigur bekrönt wird.

Durch die zwei wuchtigen, achteckigen Wehrtürmen flankierte Porta Reial betritt man das eigentliche Kloster. Rechts liegt der unvollendet gebliebene, spätgotische **Palau de Sant Martí** [C]. In dem 1397–1406 erbauten Saal werden heute sakrale Kunstgegenstände und Wandteppiche aus der reichen Vergangenheit des Klosters gezeigt. Geradeaus gelangt man zum **Kreuzgang** [D], der im wesentlichen aus dem 13. Jh. stammt.

Das Plätschern des Wassers im sechseckigen *Brunnenhaus*, trägt zur meditativen Stimmung bei. Die *Säulenkapitelle* ringsum sind mit Flechtmustern, floralen Motiven und Arabesken verziert.

Dem Brunnenhaus gegenüber liegen Küche und Refektorium, daneben die Wärmestube der Mönche. Wie in Santes Creus schließt auch hier der **Kapitelsaal** [E] (18. Jh.) an die Ostseite des Kreuzgangs an. Das Kreuzrippengewölbe des quadratischen Raumes wird von vier Säulen getragen, in den Boden eingelassene Grabsteine erinnern an frühere Äbte von Poblet. Durch das benachbarte *Locutorium*, das Spechzimmer der Novizen, gelangt man zum im 13. Jh. errichteten **Skriptorium** [F], das die umfangreiche, aber nicht öffentlich zugängliche *Bibliothek* birgt. Darüber liegt das 87 m lange *Dormitorium*, der Schlafsaal der Mönche.

Höhepunkt der Besichtigung ist die südlich des Kreuzganges gelegene **Klosterkirche** [G], 1170 begonnen und im 14. Jh. vollendet. Das Innere des dreischiffigen Baus ist schmucklos gehalten, das Mittelschiff wird von einem kunstvoll gearbeiteten **Tonnengewölbe** überspannt, dessen Bögen leicht spitz zulaufen. Für eine Zisterzienserkirche ungewöhnlich ist der kapellenreiche

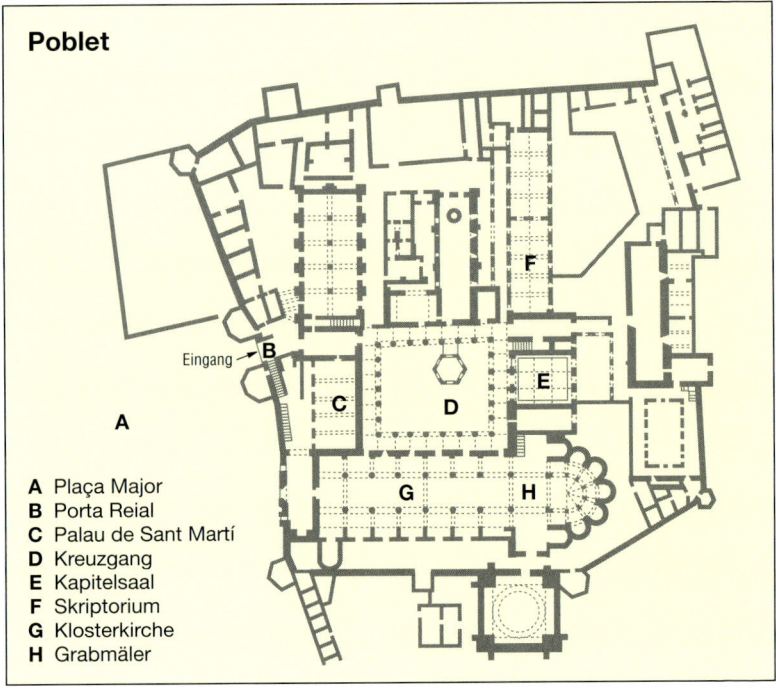

Poblet

Eingang

A Plaça Major
B Porta Reial
C Palau de Sant Martí
D Kreuzgang
E Kapitelsaal
F Skriptorium
G Klosterkirche
H Grabmäler

Chorumgang, aber schließlich war das Gotteshaus auch Repräsentationsbau der Krone von Aragón-Katalonien und seit 1340 **Grablege** der Könige. Vor der Apsis sind sie und ihre Gattinen auf Sarkophagen wie schlafend in Stein verewigt. Hier liegen Alfonso II. der Keusche und Jaume I. der Eroberer, Martín der Humane und Pere der Zeremoniöse. Die Herren haben Abbildungen von Löwen, Symbol der Königsherrschaft, und Schwertern zu ihren Füßen, die Damen den Hund, Sinnbild der Treue. Die **Grabmäler [H]** überstanden die Plünderungen des 19. Jh. nicht unbeschadet, wurden aber ab 1940 von dem Bildhauer Frederic Marès originalgetreu restauriert.

Der **Hochaltar** aus Alabaster (1527–29) ist reinste Renaissance und fügt sich der romanischen Architektur harmonisch ein. Das Meisterwerk von Damià Forment zeigt in vier Relieffolgen Szenen aus dem Leben Jesu und Mariä.

Poblet ist einzigartig – ein Kloster voller Reinheit und Schönheit und gleichzeitig ein **Palast**, wie ihn später Philipp II. mit dem *Escorial* in anderen Dimensionen verwirklichen sollte.

Figuren von Heiligen und Kirchenfürsten zeigt die Hochaltarwand von Poblet

Praktische Hinweise

Hotel

Masia del Cadet, L'Espluga de Francolí, von Montblanc aus 1 km vor dem Kloster, Tel. 9 77 87 08 69, Fax 9 77 87 08 69. Familiäres, kleines Mittelklassehotel in herrlich pastoraler Landschaft. Zimmer an Wochenenden unbedingt reservieren.

43 Salou

Quirliges Touristenzentrum mit feinem, langem Sandstrand.

Die 20 000 Einwohner zählende Küstenstadt kann auf eine reiche Vergangenheit zurückblicken – auch wenn davon heute nicht mehr viel zu sehen ist. Im 13. Jh. war der von den Phokäern unter dem Namen *Salauris* gegründete **Hafen** einer der bedeutendsten des Landes. 1299 diente er als Ausgangspunkt für die Eroberung Mallorcas durch Jaume I. den Eroberer. Den forschen König ehrten die Stadtväter mit einem *Denkmal*, das die elegante Palmenpromenade Salous ziert.

Dieser **Passeig de les Palmeres** begleitet den kilometerlangen goldfarbenen Sandstrand im Osten der Stadt und ist ein Mekka für Inline-Skater und Flanierer. Einige private *Jugendstilvillen* aus der Anfangszeit des hiesigen Fremdenverkehrs schmücken die parallel zur Promenade verlaufende *Calle Jaume I.*, den Rest prägen gesichtslose Bettenburgen. Salou hat sich vollständig dem Massentourismus verschrieben. Der sehr schöne, hellsandige **Hauptstrand** ist teilweise von Pinien beschattet und im Sommer stark frequentiert.

Darüber hinaus bietet der Ort Restaurants, Boutiquen und alle erdenklichen Vergnügungen zu Wasser und zu Lande. Jetski, Tauchen, Surfen, Tennis – den Sportmöglichkeiten sind kaum Grenzen gesetzt. Hauptattraktion aber ist seit einigen Jahren **Port Aventura** (26. März–1. Nov. tgl. 10–20, Juli–Sept. bis 24 Uhr). Der 2 km nördlich an der Avinguda Pere Molas gelegene zweitgrößte **Vergnügungspark** Europas schickt sich an, Euro-Disney bei Paris Konkurrenz zu machen. Auf 115 ha können Besucher eine Weltreise *en miniature* unternehmen, vom Orient bis in den Wilden Westen, ergänzt von zahlreichen Shows. Die Nachbauten der Chinesischen Mauer oder mexikanischer Aztekenpyramiden sind in der Tat

Verschiedene Attraktionen bietet der Freizeitpark Port Aventura seinen Besuchern

beeindruckend. Spaß für die ganze Familie versprechen auch die Wildwasserstrecke und eine 1,2 km lange Achterbahn.

Information: Oficina de Turisme: Xalet Torremar, Passeig Jaume I. 4, Tel. 9 77 35 01 02, Fax 9 77 38 07 47. Carrer Montblanc 1, Tel. 9 77 38 01 36. Espigó del Moll s/n, Tel. 9 77 38 02 33

Hotel

**** **Centurion Playa**, Carrer Diputacion 70, Tel. 9 77 36 14 50, Fax 9 77 36 15 00. Renoviertes Haus zwischen Salou und Cambrils. Ein dickes Plus ist die Lage direkt am Strand.

44 Cambrils

Es war einmal ein Fischerdorf ...

Im Westen geht der feinsandige Strand von Salou nahtlos in den von Cambrils über, gleiches gilt auch für die Hotelbauten. Vom Flair des einst ruhigen Dorfes ist wenig geblieben, dennoch geht es in dem **Fischereihafen** der inzwischen durch einen beachtlichen **Jachthafen** ergänzt wurde, immer noch sehr geschäftig zu. Am 29. Juni, dem Peter-und-Paul-Tag, wird jedes Jahr mit einer Prozession, Musik, Tanz und viel Wein die *Fiesta da Pescadores*, das Fest der Fischer, gefeiert.

Gleich am Hafen liegt die überschaubare Altstadt, überragt von einem wehrhaften **Glockenturm** aus dem 15. Jh. Er gehört zu der im 17. Jh. erbauten, im 19. Jh. erweiterten Pfarrkirche *Santa Maria*. In der Avinguda Baix Camp kann man die Wallfahrtskirche von **El Camí** mit Krypta und Wachturm besichtigen.

Information: Oficina de Turisme, Passeig Palmeres s/n, Tel. 9 77 79 23 04, Fax 9 77 79 26 25

Hotels

*** **Monica**, Carrer Galverán Marquet 1–3, Tel. 9 77 36 01 16 und 9 77 79 10 00, Fax 97 77 93 67 8. Gelungen restauriertes Hotel, 50 m vom Strand, mit schattigem Garten und Pool.

** **Tropicana**, Avinguda Diputación s/n, Tel. 9 77 36 01 12, Fax 9 77 36 01 12. Einfaches Haus mit hübschem Garten, jenseits der Küstenstraße.

Restaurant

TOP TIPP **Can Gatell**, Avinguda Diputació 3, Tel. 9 77 36 01 06. Tempel gehobener Kochkunst. Bekannt für lokale Spezialitäten wie *Arrós abanda*, ein Reisgericht, das mit Fisch und Meeresfrüchten zubereitet wird (So abend/Mo geschl.).

45 L'Ametlla de Mar

Wo kleine Buchten und klares Wasser noch auf Entdeckung warten.

Erst Anfang des 19. Jh. besiedelten Fischer den Hügel am Meer, heute ist die Einwohnerzahl von L'Ametlla de Mar auf 4000 angewachsen. Der reizende Ort liegt etwas abseits der Hauptreiserouten. Er ist zwar touristisch erschlossen, vom großen Rummel aber verschont geblieben. So hat sich hier tatsächlich noch die viel beschworene **Atmosphäre** eines Fischerdorfes erhalten. *La Cala*, ›kleine Bucht‹, nennen die Einheimischen ihre Siedlung, ein Hinweis auf den natürlichen **Hafen**, der den Seeleuten Zuflucht bot. Schön ist es, am Spätnachmittag die Einfahrt der Fischerboote zu beobachten und den Transport des Fangs zur benachbarten Versteigerungshalle mitzuverfolgen.

Der **Sandstrand** an der südlichen Costa Daurada ist gröber als weiter nördlich, die langen Strände weichen hier zahlreichen kleinen **Buchten**, die von Pinien und Olivenbäumen eingefasst werden. Gleich am Ortsrand von L'Ametlla de Mar liegen mit **El Forn** und **Sant Roc** zwei der bekanntesten.

Die außenliegenden Stützpfeiler ermöglichen ein hohes, ausladendes Gewölbe im Inneren der Kathedrale von Tortosa

Praktische Hinweise

Information: Oficina de Turisme, Carrer Sant Joan 55, Tel. 9 77 45 64 77, Fax 9 77 45 68 38. Avinguda Amistad Hispano Italiana s/n, Tel. 9 77 45 63 29, Fax 9 77 45 68 38

46 Tortosa

Stolze, reiche Stadt am Ebro.

Tortosa (31 000 Einw.) ist die größte Stadt am Unterlauf des Ebro und breitet sich zu beiden Seiten des Flusses aus. Es profitierte wirtschaftlich schon in römischer Zeit von seiner günstigen Lage an wichtigen Verkehrsstraßen und der Fruchtbarkeit des Ebro-Tales. Noch heute ist Tortosa Mittelpunkt eines landwirtschaftlich intensiv genutzten Gebiets und lebendige Handelsstadt.

Geschichte Tortosas Wurzeln sind iberisch. Unter den Römer erlangte die Siedlung im 2. Jh. v. Chr. erstmals eine gewisse Größe und Bedeutung, Kaiser Augustus erhob sie als *Julia Augusta Dertosa* in den Stand einer Kolonie. 712 wurde Tortosa von den **Arabern** erobert, deren Herrschaft Stadt und Region prägte. Dank ausgeklügelter Bewässerungstechniken verwandelten die Mauren das

Das Castell de la Zuda überragt die malerisch verschachtelten Häuser der Altstadt

Ebro-Tal in einen blühenden Garten. Nach dem Zerfall des Kalifats von Cordoba wurde Tortosa 1035 Sitz eines eigenständigen maurischen Reiches (*Taifa*).

1148 ›befreite‹ der christliche Ramón Berenguer IV., Graf von Barcelona, die Stadt und stellte sie zunächst unter den Schutz der *Templerritter*. Im späten 13. Jh. wurde Tortosa der spanischen Krone überantwortet und die auf arabische Ursprünge zurückgehende Burg zur **königlichen Residenz** ausgebaut. Einer wirtschaftlichen Blüte folgte im 16./17. Jh. der Niedergang, nachdem die Spanische Krone Juden und Morisken, bekehrte Mauren, aus Spanien vertrieben hatte. Wirtschaftskraft und Geistesleben Tortosas erlitten einen herben Rückschlag, denn Handel, Landwirtschaft und Lehre waren in weiten Teilen von diesen Bevölkerungsgruppen getragen worden.

Im **Spanischen Bürgerkrieg** war der Ebro heiß umkämpft. Am 24. Juli 1938 wurden in seinem Tal die republikanischen Truppen in der entscheidenden Schlacht von den Faschisten besiegt. 150 000 Menschen hatten ihr Leben gelassen, und auch der Stadt waren schwere Wunden geschlagen worden.

Besichtigung Das **Castell de la Zuda**, benannt nach seinem 40 m tiefen Brunnen *(Zuda* – arab. Schacht), thront hoch über der Altstadt. Es wurde im 10. Jh. unter Abd al-Rahman III., Kalif von Cordoba, auf den Resten einer frühchristlichen Burg errichtet und im 13. Jh. zur *Residenz der spanischen Könige* ausgebaut. Seit Ende der 70er Jahre ist in der Burg ein staatlicher **Parador** untergebracht, die Gäste genießen den herrlichen **Blick** über die Altstadt und die fruchtbare Gartenlandschaft entlang des Ebro.

Durch das Gewirr der Altstadtgassen im Ortskern führt der Weg zur **Kathedrale**. Trotz der im 18. Jh. hinzugefügten barocken Fassade wirkt der an sich im 14./15. Jh. entstandene Bau von außen dunkel und vernachlässigt. **Innen** aber präsentiert sich die Kirche hell und luftig. Das *Sterngewölbe* mutet zart und leicht an, nicht umsonst gilt die Kathedrale als eines der schönsten Beispiele katalanischer Gotik. Der wunderschöne,

nigen Renaissancebauwerken von Rang in Katalonien und birgt heute, nachdem es zeitweilig Sitz der Universität war, das *Historische Archiv* der Region.

Geht man zurück zum Fluss, fällt das **Mahnmal** ins Auge, das General Franco für die Opfer der Schlacht am Ebro 1938 errichten ließ. Ein Bummel südwärts entlang des Flusses führt vorbei der gewaltigen **Markthalle**, einem Prachtbau des Modernisme. Die 1885 entstandene Eisenkonstruktion scheint zu groß geraten für Tortosa, gibt aber einen Hinweis auf die Bedeutung der Stadt als Agrarhandelszentrum. Dasselbe gilt für die aus der mittelalterlichen Blütezeit stammende **Llotja** (14. Jh.), die gotische *Börse* im Park. In der nach drei Seiten hin offenen Halle mit dem markanten Satteldach wurde lange Zeit der Preis für das Getreide aus der gesamten Region festgelegt.

Miravet

Flussaufwärts führt der Weg durch das üppig grüne Tal des Ebro, in dem dank ausgeklügelter Bewässerungsanlagen eine fruchtbare **Gartenlandschaft** entstand. Hier werden vor allem Gemüse und Zitrusfrüchte angebaut. Der kleine Ort Miravet liegt, 30 km von Tortosa entfernt, malerisch am Westufer des Ebro und ist als Zentrum der *Töpferei* bekannt. Ein Fährboot bringt Besucher von der Anlegestelle im Osten auf die gegenüberliegende Flussseite in den Ort, der von einer alten **Templerburg** überragt wird. Sie erinnert an die Zeit nach der *Reconquista*, als der Ritterorden für zwei Jahrhunderte die Region dominierte. Von oben genießt man einen herrlichen, weiten Blick über das Tal.

zweiflügelige **Hauptaltar** entstand 1351 und zeigt in 24 Szenen Begebenheiten aus dem Leben Christi und Mariens. Auch der *Altaraufsatz* aus dem 15. Jh. ist ein prächtiges Beispiel gotischer Sakralkunst. Eleganz zeichnet den doppelten *Chorumgang* dahinter aus. Auch die beiden reliefverzierten *Steinkanzeln* vom Ende des 15. Jh. sind sehenswert.

Jenseits des Kathedralplatzes liegt mit dem im 14. Jh. erbaute **Palacio Episcopal**, dem Erzbischöflichen Palast, ein Juwel gotischer Zivilarchitektur. Nur der Innenhof ist öffentlich zugänglich. Von hier führt eine Freitreppe in den 1. Stock mit seiner eleganten Arkadengalerie.

Durch die verwinkelten Gassen des ehem. Judenviertels gelangt man von der Kathedrale aus zum **Reials Col.legis de Tortosa**, das Kaiser Karl V. 1546 für die Erziehung getaufter Mauren (Morisken) gründete. Die eher schlichte Fassade schmückt über dem Portal ein gemeißelter Habsburger Doppeladler. Mit seinem dreistöckigen, arkadenumgebenen Innenhof gehört das auch *Colegio de San Luìs Gonzaga* genannte Haus zu den we-

Praktische Hinweise

Information: Oficina de Turisme, Plaça del Bimillenari s/n, Tortosa, Tel. 9 77 51 08 22, Fax 9 77 58 58 52

Hotel

**** **Parador de la Zuda**, Castell de la Zuda, Tel. 9 77 44 44 50, Fax 9 77 44 44 58. Stimmungsvolles staatliches Luxushotel in einer alten Burg hoch über der Stadt. Vom Vorplatz des umfassend renovierten Gemäuers bietet sich ein grandioser Blick über das Ebro-Tal. Auch das hauseigene Restaurant mit typischen Gerichten der Region ist unbedingt einen Besuch wert.

Weite Wasserflächen und fruchtbare Reisfelder kennzeichnen das Ebro-Delta

 47 Ebro-Delta

*Vogel- und fischreicher Naturpark
ebenso wie Kornkammer Kataloniens.*

Das Delta des Ebro verzweigt sich in zahlreiche Wasserläufe und Seen. Es ist die ausgedehnteste *Feuchtzone* Kataloniens und mit seinen insgesamt 320 km² nach der französischen Camargue das bedeutendste *aquatische Ökosystem* des westlichen Mittelmeeres. Zu seinem Schutz wurde 1983 der zentral im Delta gelegene **Parc Natural Delta de l'Ebre** ausgewiesen.

Der **Ebro** entspringt 927 km nördlich im der *Cordillera Cantabrica* und ist der mächtigste Fluss der iberischen Halbinsel. Das Delta wie wir es kennen, entstand im Laufe der letzten 2000 Jahre, in römischer Zeit war beispielsweise das heute 25 km flussaufwärts gelegene *Amposta* noch Seehafen. Anschwemmungen des Flusses vergrößerten das Delta ständig. Aufzeichnungen arabischer Geographen belegen, dass es sich im 12. Jh. bereits einige Kilometer ins Meer vorgeschoben hatte. Strömungen und Winde taten ein übriges, und so entstand eine **einzigartige Landschaft** mit Lagunen, Sandbänken, Marsch- und Sumpfgebieten. Der Prozess kam vor einigen Jahr durch den Bau von *Stauseen* und *Wasserreservoirs* im oberen Lauf des Flusses zum Still-

stand, sodass der Ebro heute weit weniger Wasser und Schwemmaterial mit sich führt als früher.

Wer nun eine gänzlich menschenleere Region erwartet, wird enttäuscht. Dem Gedanken des Naturschutzes stehen wirtschaftliche Interessen entgegen, denn das Schwemmland ist äußerst fruchtbar. Bereits im 17. Jh. hatte es erste Versuche gegeben, im Delta Reis zu pflanzen. Im 18./19. Jh. verbesserten sich die Anbaumöglichkeiten durch Ent- und Bewässerungskanäle. Die **Besiedlung** des Deltas hielt sich jedoch bis ins frühe 20. Jh. in Grenzen. Grund dafür war die *Malaria*, die bis 1918 jährlich rund 3000 Todesopfer forderte. Die Krankheit wird durch Sumpfmücken übertragen. Seit man diese erfolgreich bekämpft hat, ist die Bevölkerung stetig auf derzeit etwa 50 000 Menschen gewachsen. Sie leben meist in Dörfern wie **La Cava**, das im Zentrum des Deltas liegt. Ringsum wird auf ausgedehnten Feldern intensiv **Landwirtschaft** betrieben – Gemüse- und Obstanbauzonen wechseln mit **Reisfeldern**, auf denen Rundkornreis vor allem für den heimischen Markt wächst.

Auch die **Fischerei** im Ebro-Delta ist einträglich, die Artenvielfalt enorm. Kein Wunder bei Wasserflächen mit sehr unterschiedlichem *Salzgehalt*. Zwischen reinen Salz- bzw. Süßwasserseen kommen Mischungen in allen Verhältnissen vor. Flussaal, Wolfsbarsch und Goldbrasse gehören zu den Spezialitäten, aber auch Früchte des Meeres wie Langusten, Austern, Meerdatteln, Schwert- und Venusmuscheln.

Für den Schutz und Erhalt dieser ungewöhnlichen Fauna und Flora wurde 1983 ein 7736 ha großes Teilgebiet des Deltas als **Parc Natural** ausgewiesen. In seinem Küstenbereich finden sich schilfumgebene Lagunen, Brackwassertümpel, Landflächen mit salzhaltigem Boden und lange, wunderschöne Sandstrände mit mächtigen Dünen.

Berühmteste Vertreter der **Tierwelt** waren früher die *Blutegel* aus dem Ebrodelta, die zu Hunderttausenden gefangen und für medizinische Zwecke in alle Welt verschickt wurden. Ihr Verschwinden wird kaum bedauert, zumal hier nach wie vor zahlreiche weitere wirbellose Tiere und Insekten beheimatet sind. Hat auch der einstige *Wildreichtum* mit der zunehmenden Besiedlung abgenommen, so kommt doch dem Ebro-Delta als **Vogelschutzgebiet** immer noch allergrößte Bedeutung zu, als Brutgebiet und Station für Zugvögel ist es unersetzlich. Fast 300 verschiedene Vogelarten wurden hier gezählt, jede mit 50 000 – 100 000 Exemplaren vertreten!

Deltebre

Das Städtchen Deltebre ist neben dem weiter flussaufwärts gelegenen *Amposta* der zweitgrößte Ort im Ebro-Delta und Ausgangspunkt für den Besuch des nahen Naturparks. Das hiesige Informationszentrum **Informació del Parc Natural Delta de L'Ebre** hält Broschüren bereit und weist auf die je nach Jahres- und Tageszeit gerade sehenswertesten Abschnitte des Parks hin. Im angegliederten **Ecomuseu**, einem umgebauten Bauernhof, kann man *Modelle* der Delta-Landschaften studieren. Einen ersten Eindruck von der Tierwelt vermittelt ein kombiniertes *Aquarium-Terrarium*.

Im Flusshafen von Deltebre werden zwei- bis dreistündige **Bootsausflüge** zur Mündung des Deltas angeboten. Schifft man sich zu einer solchen Fahrt in dem ca. 5 km flussabwärts gelegenen Dorf *Riumar* ein, dauert sie nur etwa 45 Minuten. In jedem Fall ist der Ausflug zu Wasser empfehlenswert und besonders schön gegen Abend, wenn man ins Delta heimkehrende Vogelschwärme beobachten kann.

Laguna Escanyissada

In Deltebre setzen drei **Autofähren** zum rechtsseitigen Mündungsgebiet des Ebro über. Diese bieten sich an, wenn man eine Fahrt zur Laguna Escanyissada plant. Dort laden ein Restaurant sowie die **Casa de la Fusta** (Mo – Fr 10 – 14 und 15 – 18, Sa 10 – 13 und 15.30 – 18, So/Fei 10 – 13 Uhr) mit *Vogelmuseum* und *Tierwarte* zum Verweilen ein. Man kann sich vor Ort auch ein *Fahrrad* ausleihen, und so den Park und seine gefiederten Bewohner in aller Ruhe erkunden.

Information: Informació del Parc Natural Delta de l'Ebre (Patronat Municipal), Plaça 20 de Maig 1, Deltebre, Tel. 9 77 48 93 09, Fax 9 77 48 95 11

Restaurant

La Fusta, an der Casa de la Fusta bei der Laguna Encanyissada. Hier werden Spezialitäten des Ebro-Deltas serviert, wie z. B. *Arrós negre*, schwarzer Reis mit Tintenfisch. Am Wochenende ist das Lokal von Ausflüglern gut besucht.

Bescheiden sin die Häuschen der meisten Fischer und Bauern im Ebro-Delta

Costa Brava und Costa Daurada
aktuell A bis Z

Vor Reiseantritt

ADAC Info-Service:
Tel. 018 05/10 11 12, Fax 30 29 28
(12 €/Min.)

ADAC im Internet:
http://www.adac.de

Costa Brava und Costa Daurada im Internet:
www.tourspain.de

Spanisches Fremdenverkehrsamt

Deutschland
Kurfürstendamm 180, 10707 Berlin,
Tel. 0 30/8 82 65 43, Fax 8 82 66 61,
E-Mail: berlin@tourspain.es

Grafenberger Allee 100 (Kutscher-
haus), 40237 Düsseldorf,
Tel. 02 11/6 80 39 80, Fax 6 80 39 85,
E-Mail: dusseldorf@tourspain.es

Myliusstraße 14, 60323
Frankfurt/Main, Tel. 0 69/72 50 33,
Fax 72 53 13,
E-Mail: frankfurt@tourspain.es

Schubertstr. 10, 80336 München,
Tel. 0 89/5 30 74 60, Fax 5 32 86 80,
E-Mail: munich@tourspain.es

Prospektbestellung in Deutschland:
Tel. 0 61 23/9 91 34, Fax 9 91 51 34

Österreich
Walfischgasse 8, 1010 Wien,
Tel. 01/5 12 95 80, Fax 5 12 95 81,
E-Mail: viena@tourspain.es

Schweiz
Seefeldstraße 19, 8008 Zürich,
Tel. 01/2 52 79 30, Fax 2 52 62 04,
E-Mail: zurich@tourspain.es

Allgemeine Informationen

Reisedokumente

Für Reisende aus Deutschland, Österreich und der Schweiz genügt ein gültiger
Personalausweis oder ein Reisepass, für
Kinder unter 16 Jahren ein Kinderaus-
weis oder Eintrag im Elternausweis.

Kfz-Papiere

Führerschein und Fahrzeugschein. Bei
Unfällen wird die Internationale Grüne
Versicherungskarte verlangt. Es empfiehlt sich, eine Kurzkasko- und Insas-
senunfallversicherung abzuschließen.

Krankenversicherung

Auslandskrankenscheine der Kranken-
kassen berechtigen zur kostenlosen Be-
handlung in den Staatlichen Gesundheits-
zentren. Sicherheitshalber sollte man
eine *Reisekrankenversicherung* abschlie-
ßen, die im Krankheitsfall zusätzlich an-
fallende Kosten sowie den Rücktransport
nach Hause abdeckt.
Für die Mitnahme von **Hunden** und **Kat-**
zen wird ein tierärztliches Gesundheits-
zeugnis (max. 10 Tage alt) sowie ein Internationaler Impfpass mit dem Eintrag
einer Tollwutimpfbescheinigung (mind.
30 Tage, max. 12 Monte alt) benötigt.

Zollbestimmungen

Innerhalb der EU dürfen Waren zum eigenen Verbrauch unbegrenzt mitgeführt
werden. Zur Abgrenzung von privater und
gewerblicher Verwendung gelten folgende Richtmengen: 800 Zigaretten, 400
Zigarillos, 200 Zigarren, 1 kg Rauchta-
bak, 10 l Spirituosen, 20 l Zwischener-
zeugnisse, 90 l Wein (davon max. 60 l
Schaumwein) und 110 l Bier.
Für Reisende aus **Nicht-EU-Ländern**
(Schweiz) gelten folgende Obergrenzen:
200 Zigaretten, 1 l Spirituosen über 22 %
alc. oder 2 l unter 22 % alc., 50 ml Parfüm,
250 ml Eau de Toilette, 500 g Kaffee und
100 g Tee.

Geld

Währungseinheit ist der Euro. Die gän-
gigen *Kreditkarten* werden in Banken,
Hotels und vielen Geschäften akzeptiert.

◁ Katalanische Vielfalt: Kunst und Kultur, Tradition und Moderne, Spiel und Spaß

Aktuell A bis Z

Zahlreiche Fährschiffe aus dem Mittelmeerraum laufen Barcelona an

An zahlreichen *EC-Geldautomaten* kann man rund um die Uhr Geld abheben. Auch mit der *Postbank SparCard 3000 plus* erhält man an VISA-PLUS-Automaten rund um die Uhr Geld.

Tourismusämter im Land

Die katalanischen Fremdenverkehrsämter unterhalten selbst in kleineren Orten Niederlassungen, *Patronat* bzw. *Patronato* genannt. Lokale Informationsbüros tragen die Bezeichnung *Turisme* oder *Oficina de Turismo*. Manchmal sind sie auch dem örtlichen Rathaus, *Ajuntament*, angegliedert (s. **Praktische Hinweise**).

Die Informationsstellen halten in der Regel umfangreiches Broschürenmaterial bereit und geben Auskunft zu allen touristisch relevanten Fragen, Festterminen und aktuellen Veranstaltungen. Mitunter sind die Mitarbeiter auch bei der Reservierung von Unterkünften behilflich.

Telefonische Touristeninformation: TURESPANA, Tel. 9 01 30 06 00

Barcelona

Ajuntament (Rathaus), Plaça de Sant Jaume 1, Tel. 9 33 02 42 00

Turisme de Barcelona, Calle Tarragona 149–157, Tel. 9 34 23 18 00, Fax 9 34 23 26 49

Patronat de Turismo, Generalitat de Catalunya, Gran Via de les Corts Catalanes 658, Tel. 9 33 01 74 43, Fax 9 34 12 25 70

Palau de la Virreina, Rambla 90, Tel. 9 33 01 77 75

Girona

Oficina Municipal de Turisme, Rambla de la Llibertat 1, Tel. 9 72 22 65 75, Fax 9 72 22 66 12

Tarragona

Oficina Municipal de Turisme, Carrer Fortuny 4, Tel. 9 77 23 34 15

Am Internationalen Flughafen *El Prat de Llobregat* von Barcelona sind Informationen über ganz Spanien zu erhalten: **Oficina de Turisme**, Tel. 9 34 78 47 04, Fax 9 34 78 47 36. Das Büro verkauft auch die 1–5 Tage gültige *Barcelona Card*, mit der Touristen im öffentlichen Nahverkehr sowie beim Eintritt in Museen und andere Sehenswürdigkeiten der Stadt Preisnachlässe erhalten.

Notrufnummern

Policia Nacional: Tel. 0 88 (Costa Brava) und Tel. 0 92 (Costa Daurada)

Policia Local: Tel. 0 92

Guardia Civil: Tel. 0 62

Touristenpolizei (Barcelona): Tel. 9 33 01 90 60 und 9 33 17 70 24

Feuerwehr: Tel. 0 80

Ärztlicher Notruf: Tel. 061

Ambulancias: Tel. 9 20 41 11

Pannenhilfe des RACE (Reial Automóvil Club de España): Tel. 9 15 93 33 33, Hilfe ist kostenpflichtig.

Unfallhilfe (*Auxilio en carretera*) leistet innerorts auch die *Policia Municipal*, außerorts die *Guardia Civil de Trafico*.

ADAC-Notrufstation Barcelona: Tel. 9 35 08 28 28 (ganzjährig)

ADAC-Notrufzentrale München: Tel. 00 49/89/22 22 22 (rund um die Uhr)

ADAC-Ambulanzdienst München 00 49/89/76 76 76 (rund um die Uhr)

Ein polizeiliches Protokoll ist für die Schadensregulierung bei Unfällen unbedingt notwendig und unerlässlich bei **Personenschäden**. Wer kein Spanisch spricht, sollte auf einen Dolmetscher bestehen und sich mit seinem Konsulat in Verbindung setzen.

Ärztliche Versorgung

In allen Ferienorten gibt es **Arztzentren** und Stationen des spanischen Roten Kreuzes (Cruz Roja).

Diplomatische Vertretungen
in Barcelona:

Deutsches Generalkonsulat, Passeig de Gràcia 111 (Metro: Diagonal), Tel. 9 32 92 10 00 und 9 34 15 36 96 (Mo–Fr 9–14 Uhr), Fax 9 32 92 10 02

Österreichisches Generalhonorarkonsulat, Calle Mallorca 214 (Metro: Passeig de Gràcia), Tel. 9 34 53 72 94, Fax 9 34 53 49 80

Schweizer Generalkonsulat, Gran Via Carlos III. 94 (Metro: Maria Cristina), Tel. 9 33 30 92 11, Fax 9 34 90 65 98

Besondere Verkehrsbestimmungen

Tempolimits (in km/h): Für Pkw, Motorräder und Wohnmobile bis 3,5 t gilt innerorts 50. Für Pkw und Motorräder gilt außerorts 90, auf Straßen mit mehr als einer Autofahrspur in jeder Richtung und auf Schnellstraßen 100, auf Autobahnen 120. Für Pkw mit Anhänger gilt außerorts 70, auf Schnellstraßen und Autobahnen 80. Wohnmobile bis 3,5 t dürfen außerorts max. 80 fahren, auf Schnellstraßen 90 und auf Atuobahnen 100.

Überholverbot besteht 100 m vor Kuppen sowie auf Straßen, die nicht mindestens 200 m zu überblicken sind.

Die **Promillegrenze** liegt bei 0,8. Das **Abschleppen** durch Privatfahrzeuge ist verboten. Die Benutzung von Autobahnen ist **mautpflichtig**.

Park- und Halteverbote genau beachten! So bedeuten blaue und gelbe Linien am Straßenrand immer eingeschränkte Parkmöglichkeit.

Anreise

Auto

Zwei Tage dauert die Anreise mit dem Wagen aus Mitteleuropa. Für die Fahrt von Frankreich ans Mittelmeer empfiehlt sich die gebührenpflichtige Autobahn A7. Die Autobahn A2 verbindet Barcelona mit dem spanischen Landesinneren.

Umfangreiches **Informations-** und **Kartenmaterial** können Mitglieder des ADAC in Deutschland kostenlos unter Tel. 0 18 05/10 11 12 (0,12 € / Min.) anfordern. Im ADAC Verlag sind die LänderKarte *Spanien* (1 : 800 000), *Spanien 4-er Set* (1 : 500 000), die Urlaubskarte *Costa Brava, Costa Daurada*

(1 : 250 000), der CityPlan *Barcelona* (1 : 20 000) sowie die Reisemagazine *Barcelona* und *Costa Brava* erschienen.

Bahn

Tägliche Fernverbindungen: von München über Zürich, Avignon, Narbonne nach Barcelona und von Saarbrücken über Metz, Strasbourg, Avignon, Narbonne nach Barcelona. Die spanischen Schlafwagenzüge *Talgo* fahren täglich von Zürich über Genf nach Barcelona.

Bus

Der Europabus fährt wöchentlich von mehreren österreichischen und deutschen Städten aus an die Costa Brava und die Costa Daurada. Die Fahrzeit nach Barcelona beträgt je nach Abfahrtsort 28–40 Std.

Deutsche Touring GmbH, Am Römerhof 17, 60486 Frankfurt/Main, Tel. 0 69/ 79 03 50, Fax 79 00 32 19, Internet: www.deutsche-touring.com

Wichtigstes Terminal für den Bus-Linienverkehr ist in Barcelona die **Estacio d'Autobusos de Barcelona Nord**, Calle Ali Bei 80, Tel. 9 32 65 65 08.

Flugzeug

Spaniens staatliche Fluggesellschaft IBERIA und die Lufthansa fliegen täglich von mehreren deutschen Flughäfen nach Barcelona. Die Chartergesellschaften Hapag Lloyd (ab Düsseldorf, Frankfurt, Hannover, München) und Aero Lloyd (ab Berlin und Frankfurt) fliegen jeden Do nach Girona.

Allgemeine Information des Flughafens *El Prat de Llobregat* (12 km südlich von Barcelona): Tel. 9 32 98 38 38

Fähre

Von Palma de Mallorca, Genua, Sete und Marseille aus ist Barcelona auch auf dem Seeweg zu erreichen.

Bank, Post, Telefon

Bank

In der Regel öffnen Banken (*Bancos*) Mo–Fr 8.30/9–13.30/14 Uhr, manchmal auch bis 17 Uhr. Geldautomaten sind rund um die Uhr in Betrieb.

Post

Postämter (*Correos*) sind üblicherweise Mo–Fr 9–13 und 16–18, Sa 9–13 Uhr geöffnet. Briefkästen sind gelb lackiert mit einem roten Posthorn.

Telefon

Internationale Vorwahlen:
Spanien 00 34
Deutschland 00 49
Österreich 00 43
Schweiz 00 41

In Spanien sind die Ortsvorwahlen fester Bestandteil der Rufnummern und müssen auch bei Ortsgesprächen *immer* mitgewählt werden. Ausgenommen sind Mobiltelefon- und Notrufnummern.

Von den meisten **Telefonzellen** (*Cabina telefónica*) kann man mit Telefonkarte, Kreditkarte oder Münzen telefonieren. **Telefonkarten** (*Tarjeta prepago*) kauft man bei der Telefongesellschaft Telefónica oder in autorisierten Geschäften.

In ganz Spanien können handelsübliche **GSM-Mobiltelefone** aller deutschen Anbieter benutzt werden.

Einkaufen

Die Geschäfte sind meist Mo–Sa 9.30/10–13.30/14 und 16–20 Uhr geöffnet. Die Ladenschlusszeiten sind in Spanien nicht gesetzlich geregelt und können im Winter- bzw. Sommerhalbjahr etwas voneinander abweichen. Kaufhäuser und Einkaufszentren haben in der Regel durchgehend Mo–Sa 10–21 Uhr geöffnet, viele auch sonntags bei allerdings kürzeren Öffnungszeiten.

Die touristischen Zentren an der Costa Brava bzw. Costa Daurada bieten ein großes Warenangebot auf unterschiedlichstem Niveau – auch was die Preise betrifft. **Keramik** ist nach wie vor ein beliebtes Souvenir, ebenso die praktischen *Alpargatas*, leichte Stoffschuhe mit Sohlen aus geflochtenen Hanfsträngen.

Barcelona bietet eine überwältigende Vielfalt an ausgezeichneten, doch nicht immer preiswerten Einkaufsmöglichkeiten. Als relativ günstig gelten vor allem Schuhe, Textilien und Lederwaren. Dicht reihen sich die **Schuhgeschäfte** im Portal d'Angel und in der Rambla de Catalunya aneinander, zwischen den Plätzen Universitat und Catalunya. Im Gotischen Viertel findet man viele **Keramikläden**, **Kunsthandwerk** kauft man am besten in der Carrer Petritxol. Elegante **Mode-**, Designer- und **Schmuckgeschäfte** konzentrieren sich im Eixample, etwa am Passeig de Gràcia. Gute Einkaufsadressen und renommierte **Designergeschäfte** liegen an der großen Straße Diagonal. Auf der Rambla und in ihren Seitenstraßen sind die **Souvenir-** und **Lederwarengeschäfte** angesiedelt. Liebhaber von **Antiquitäten** kommen in der Altstadt auf dem Bulevard dels Antiquaris, Passeig de Gràcia 55–57, auf ihre Kosten. Eine der bestsortierten **Buchhandlungen** ist *Crisol* an der Consell de Cent 341 und Rambla de Catalunya 81. *Happy Books*, Passeig de Gràcia 77, ist ebenfalls zu empfehlen und bietet zudem ein hübsches Café im Innenhof.

Kunst und Kitsch – auf dem Trödelmarkt von Barcelona kann man (fast) alles kaufen

Gegensätzliche Gaumenfreuden

Die katalanische Küche präsentiert sich einfach und ausgewogen, phantasievoll und innovativ zugleich und ist doch ihrer Quintessenz treu geblieben, wie sie in einer Volksmelodie zur **Sardana L'Empordà** *besungen wird, die von der Vermählung der Meerjungfrau (Meer) mit dem Hirten (Berge) erzählt. Die katalanische Regionalküche zeichnet sich durch die besondere Verbindung aus landwirtschaftlichen Erzeugnissen und den Produkten des Meeres aus. Daraus entsteht die charakteristische Geschmacksverbindung* **süß-salzig.**

Ginge es nach dem Urteil so manchen fach- und sachkundigen Gourmets, findet diese kulinarische Umsetzung in der Provinz **Alt-Empordà** *um Figueres zu ihrer Vollkommenheit. Hoch- und Mittelgebirge, Küstenniederungen und der Zugang zum Mittelmeer, dazu günstige klimatische Bedingungen formen, wie es der Schriftsteller Josep Pla einmal ausgedrückt haben soll, eine »Landschaft im Topf«, deren Vielfalt und Kontrastreichtum nur schwer zu übertreffen ist. Die Pyrenäen liefern das Fleisch von Kaninchen, Lamm, Rebhühnern, Schweinen, Wild und Ziegen, in mittleren Gebirgslagen gedeihen Kräuter und die für viele Gerichte unverzichtbaren Pilze, Gemüse und Obst wachsen in den Küstenregionen, und das Mittelmeer steuert Fische und Meeresfrüchte bei.*

Gut zu essen ist den Katalanen wichtig genug, um alle Komponenten harmonisch zusammenzuführen und aus dem Kochen eine Kunst zu machen. Für die Zubereitung unverzichtbar sind dabei Soßen wie **Allioli**, *eine Mischung aus Knoblauch und Olivenöl, oder* **Romesco**, *in der sich Olivenöl, zerstoßene Peperoni, Mandeln und Knoblauch vereinen. Die* **Picada** *variiert letztere unter Zusatz von Petersilie und geröstetem Brot.* **Sofregit** *schließlich besteht aus angedünsteten Zwiebeln, Tomaten und Knoblauch.*

Die scheinbar gegensätzlichen Zutaten rufen oft zunächst Staunen, beim Essen aber nachhaltig schweigende Andacht hervor. Solche Erlebnisse bieten etwa **Elagost amb pollastre**, *Langusten mit Huhn, oder* **Peuada**, *Schweinspfoten ohne Knochen mit Eiern und Zucker.*

Lohnend ist in Barcelona ein Bummel über den Trödelmarkt *Les Encants* an der Placa Las Glòries Catalanes, Mo, Mi, Fr und Sa jeweils 8–19 Uhr.

In vielen Orten an der Costa Brava und der Costa Daurada finden **Wochenmärkte** statt, auf denen hauptsächlich Lebensmittel und regionale Produkte verkauft werden. Nachfolgend eine Auswahl:

Montags in Blanes und Cadaqués, **dienstags** in Lloret de Mar und Palamós, **donnerstags** in L'Estartit und Tossa de Mar, **freitags** in Platja d'Aro und El Port de la Selva, **samstags** in Girona und **sonntags** in L'Escala, Roses und Sant Feliu de Guixols.

Essen und Trinken

Zum **Frühstück** (katal. *Esmorcar,* span. *Desayuno*) reicht den Katalanen in der Regel ein Kaffee mit einem Croissant, einem Gebäckstück, oder mit einer Scheibe Weissbrot, die mit Olivenöl beträufelt und mit Tomate eingerieben wird (*Pa amb tomaquet*).

Am späten Vormittag ist es dann Zeit für einen Imbiss mit Käse, Wurst, einer *Tortilla* (spanisches Kartoffelomelette), Sandwiches oder *Tapas*, kleine köstliche Appetithäppchen. Letztere können allerdings zu jeder Stunde des Tages gegessen werden.

Das **Mittagessen** (*Dinar, Almuerzo*) wird ab 14 Uhr eingenommen, am späten Nachmittag folgt eine kleinere Stärkung. Mit dem **Abendessen** (*Sopa, Cena*), der ausgiebigsten Mahlzeit des Tages, beginnt man meist nicht vor 20.30 Uhr.

Getränke

Kaffee gibt es in drei Varianten: Espresso (*Café solo*), Kaffee mit etwas Milch (*Cortat*) und Milchkaffee (*Amb llet*).

Zum Essen wird **Wein** (*Vi*) und **Mineralwasser** (*Acua*) getrunken. **Bier** (*Cerveja*) wird vor allem bei der jüngeren Generation immer beliebter.

Wer würde da nicht zugreifen? Und offensichtlich hebt frische Paella die Laune

Einige der acht großen katalanischen Weinanbaugebiete (Herkunftsbezeichnung D.O.C.) genießen einen hervorragenden Ruf, u. a. Alella, Empordà-Costa Brava, Priorat und El Penedes, wo der *Cava* (Sekt) nach der Champagner-Methode hergestellt wird [s. S. 94].

Eine katalanische Besonderheit ist eine **Glaskaraffe** (*Borron*) mit langem Schnabel. Ohne mit den Lippen das Gefäß zu berühren, wird daraus Wein getrunken, wobei der Rebensaft in einem Bogen direkt in die Kehle fließt.

Katalanische Spezialitäten

A la doba – in Rotwein geschmortes Fleisch; *a la llauna* – Fischgericht, das in einem Blechbehältnis zubereitet und auch darin serviert wird; *Allioli negat* – zähflüssige Sauce aus Öl und Knoblauch; *all cremat* – Zubereitungsart auf der Basis von stark gebräunten, gerösteten Knoblauchzehen; *Bombons de músic* – Pralinen mit Nüssen und Trockenobst; *Brandada* – Stockfisch mit Öl und Knoblauch zubereitet, stammt aus der Provence; *Bull* – aus magerem Schweinefleisch, Fett und Blut hergestellte Wurst; *Cassoulet* – Eintopf aus weißen Bohnen und Schweinefleisch; *Civet* – Wildgericht französischer Provenienz; *Conill rostit* – Kaninchenbraten; *Crema Catalana* – ›Nationales Heiligtum‹ unter den Desserts: Vanillecreme, mit geröstetem Zucker überzogen; *Cremat* – flambiertes Getränk aus Rum und Zuckerrohrschnaps, Zitronenschale, Zucker, Zimt, Kaffee; *Escalivada* – Geröstete Auber-gine, Zwiebel und Paprika; *Escudella* – Fleisch- oder Gemüsebrühe, häufig mit Nudeln oder Reis; *Escull* – typischer Keks aus L'Escala; *Esqueixada* – Salat aus zerkleinertem Stockfisch, Oliven, Tomaten u. a.; *Fideujat* – Suppeneintopfgericht aus gebratenen Fadennudeln mit Fisch oder Fleisch; *Fuet* – lange, dünne Hartwurst; *Garum* – Paste aus schwarzen Oliven und Anchovis; *Gírgola* – Austernpilz; *Magret* – Entenbrüstchen, häufig mit Birnen, Pilzen oder Schwarzwurzeln zubereitet; *Morralla* oder *Cria de peix* – kleine Brat- und Zwiebelfische; *Niu* – sehr üppiges Gericht aus geräuchertem Stockfisch, Stockfischkutteln und Wildgeflügel; *Pa amb tomaquet* – geröstetes Brot mit verriebener Tomate; *Panellets* – Marzipankonfekt mit Pinienkernen, kandierten Früchten, Kaffee, Kokosraspeln etc.; *Peltruc* – Wurstspezialität aus gekochtem Schweinefleisch; *Peuada* – Schweinspfoten ohne Knochen mit Eiern und Zucker; *Picada* – Grundsauce aus im Mörser zerstoßenen Knoblauchzehen, Petersilie und Mandeln; *Relleno* – Äpfel, gefüllt mit gesüßtem Fleisch oder zerbröselten Keksen; *Romesco* – scharfe Sauce mit Knoblauch, Pfeffer, Chili, Petersilie und anderen Kräutern; *Rossejat* – im Ofen überbackene Reisspezialität; *Sang i perdiu* – Lammkutteln, Blut und eine *Picada*; *Suquet* – Fischgericht mit Kartoffeln und Tomate in einer Sauce; *Tiró* – Ente; *Tortada* – Mandelkuchen, typisch für Banyoles; *Tortell d'Olot* – einfacher Gebäckkranz; *Trefí* – Süßspeise, typisch für Sant Feliu de Guixols; *Trinxat* – Kartoffeln, kleingehackter Kohl und Speck, gebraten; *Xai rostit* – Lammbraten; *Xamfaina* – Ratatouille Kataloniens: gedünstete Aubergine, Paprika, Tomate, Zwiebel; *Xuixo* – mit Creme gefüllte Kuchenrolle.

Trinkgeld

In Restaurants wird ein Trinkgeld etwa in Höhe von 10 % der Rechnungssumme erwartet. Es wird erst nach der Rückgabe des Wechselgeldes auf einer Untertasse auf dem Tisch oder an der Bar zurückgelassen. In den Hotels sind kleinere Trinkgelder für Kofferträger und Zimmerpersonal üblich. Auch Taxifahrer erwarten eine Anerkennung.

Feste und Feiern

Gesetzliche Feiertage sind 1. Januar (Neujahr/*Any Nou*), 6. Januar (Heiligedreikönige/*Reis Mags*), 19. März: (Josefstag/*St. Josep*), Karfreitag (*Divendres Sant*), 1. Mai (Tag der Arbeit/*Diada del Traball*), 29. Juni (Peter und Paul/*Sant Pere i Sant Pau*), 25. Juli (St. Jakobstag/*Sant Jaume*), 15. August (Mariä Himmelfahrt/*Assumpció*), 11. September (Nationalfeiertag Kataloniens/*La Diada*), Ende September *(La Mercé)*, 12. Oktober (Tag der Entdeckung Amerikas, Spanischer Nationalfeiertag/*Diada de la Hispanitat*), 1. November (Allerheiligen/*Tots Sants*), 6. Dezember (Verfassungstag/*Dia de la Constitució*), 8. Dezember (Mariä Empfängnis/*Immaculat Concepció*), 25. Dezember (Weihnachten/*Nadal*), 26. Dezember (Stephanstag/*Sant Esteve*).

Feste

Neben der **Sardana** [s. S. 79] spielen bei vielen Festen auch die **Castellers**, die in Valls erfunden wurden, eine große Rolle. Hier handelt es sich um **Menschenpyramiden** mit durchschnittlich 7–8 Etagen. Sie stehen für Stabilität und Solidarität der katalanischen Nation. Eine weitere Festattraktion sind die **Gegants** oder **Cap-grossos**, riesige Figuren aus Pappmaché. Man stülpt sie sich über und reiht sich in dieser Verkleidung tanzend den Festumzügen ein.

Die Feierlichkeiten zum Dreikönigstag eröffnen den katalonischen Festkalender. Angesichts der vielen religiösen Feiertage und regionalen Feste seien an dieser Stelle nur die wichtigsten in nachstehender chronologischer Aufstellung zusammengefasst:

Februar

Barcelona, **Sitges**, **Girona** und zahlreichen weiteren Orten an der Costa Brava und Costa Daurada: *Karneval.*

März/April

Barcelona (3. März): *Wallfahrt* zur Kapelle des hl. Medir im Barceloneser Stadtteil Gràcia.

Girona (Karwoche): *Totentanzaufführungen*. Zur Karwoche finden in ganz Spanien große Feierlichkeiten statt.

Barcelona (23. April): Dreifacher Festtag – *Fest des hl. Georg* (*San Jordi*), Schutzheiliger der Stadt, *Tag des Buches* anlässlich des Todestages von Cervantes und *Fest der Rose.*

Gegants, Giganten, dürfen auch bei der Fiesta Major de la Merce in Barcelona nicht fehlen

Juni
Ganz Katalonien: *Fronleichnamsumzüge* und am 23. Juni *Nit de Sant Joan*, Sommersonnwende, mit offenen Feuern.

Juli
Viele Fischerorte an der Costa Brava: *Meeresprozessionen.*

August
Lloret de Mar (24. August): *Patronatsfest* mit großer Meeresprozession der Fischer zu Ehren der hl. Cristina.

September
Barcelona: Vier Tage dauern die Feierlichkeiten der *Fiesta Major de la Merce* anlässlich des Fests der Schutzheiligen von Barcelona, u. a. mit Musikveranstaltungen und Stierkämpfen
Sitges: *Fiesta de la Verena.*

Oktober
San Feliu de Guixols: *Tag des Meeres.*

Dezember
L'Estartit: *Fiesta de Santa Llúcia.*

Klima und Reisezeit

Katalonien unterteilt sich in eine feuchte und eine trockene Klimazone, die beide keinen großen Temperaturschwankungen unterliegen. Die meisten Niederschläge fallen an der **Küste** zwischen

Herrlich lässt es sich, teils unter Bäumen, entlang der katalanischen Küsten wandern

März und Mai bzw. September und Oktober. Im manchmal sehr heißen **Landesinneren** regnet es selten. An der Costa Brava und Costa Daurada scheint im Jahresdurchschnitt an über 200 Tagen die Sonne, nur selten steigt das Thermometer über 35 Grad.

Mai bis September empfiehlt sich als beste **Reisezeit** für das Landesinnere Kataloniens und die Pyrenäen. Aufenthalte an der Küste plant man am besten für die Monate Juni und September, wenn Luft und Wasser angenehm temperiert sind.

Klimadaten Barcelona

Monat	Luft (°C) min./max.	Wasser (°C)	Sonnenstd./Tag	Regentage
Jan.	6/12	13	4	5
Feb.	7/13	12	5	5
März	9/16	13	6	8
April	11/18	14	7	9
Mai	14/21	16	8	8
Juni	18/25	19	9	6
Juli	21/28	22	10	4
Aug.	21/28	24	8	6
Sept.	19/25	22	6	7
Okt.	15/21	20	6	9
Nov.	11/16	16	5	6
Dez.	8/13	14	4	6

Kultur live

Die Fremdenverkehrsämter und -büros vor Ort halten die aktuellen Veranstaltungskalender und Informationen zu den wichtigen Festivals etc. bereit. Nachstehend einige Highlights des umfangreichen Jahresprogramms:

April–Juni
Barcelona: *Festival klassischer Musik der Stiftung ›La Caixa‹*

Juni–August
Barcelona: *El-Greco-Sommerfestival* mit Theater-, Musik-, Opern- und Tanzveranstaltungen im Griechischen Theater am Montjuïc

Juli/August
Sant Feliu de Guixols: *Internationales Musikfestival*

September/Oktober
Barcelona: *Internationales Jazz-Festival* im Palau de la Musica Catalana

Oktober
Barcelona: Beginn der Opernsaison im *Gran Teatre de Liceu.*

Nachts in den Straßen von Sitges: für Live-Musik und Unterhaltung ist gesorgt

Nachtleben

Natürlich pulsiert das Nachtleben in den Zentren des Massentourismus, an der Costa Brava insbesondere in den Diskotheken und Bars zwischen Platja d'Aro und Lloret de Mar, an der Costa Daurada zwischen Castelldefels und Sitges.

Die schillernde Nachtclubszene in **Barcelona** ist sehr schnellebig. Schon seit Jahren ziehen jedoch die Designer-Dauerbrenner Nick Havanna und Torres de Avila im Poble Espanyol am Montjuïc die Nachtschwärmer an. Beliebt ist auch das Viertel um die Endhaltestelle der blauen Straßenbahnlinie an der Avenida del Tibidabo. In den dortigen zahlreichen Bars und Musikkneipen trifft sich die Jugend gern zum Tanzen.

Sport

Golf

Viele, zum Teil herrlich gelegene Plätze, nicht wenige mit 18 Löchern, erwarten Golffreunde in der Umgebung von Barcelona und an der Küste. Detaillierte Informationen erhältlich bei: **Federació Catalana de Golf**, Carrer Aribau 382, Barcelona, Tel. 9 34 14 52 62.

Reiten

Gute Möglichkeiten zum Reiten bietet die Costa Brava, egal ob man am Strand oder etwas im Landesinneren ausreiten will. Auskünfte erteilt der **Katalanische Reiterverein**, Tel. 9 72 20 46 50.

Wandern

Als seien die Küsten und Berge für's Wandern erschaffen worden – Katalonien bietet ein ausgezeichnetes und gut erschlossenes Terrain für Wanderlustige. Von einem geruhsamen Wanderweg entlang der Küste bis zu mehrtägigen Touren in den Pyrenäen ist alles möglich. Empfohlen sei die Broschüre *Catalunya En Chemins*, erhältlich bei den Fremdenverkehrsbüros, mit Beschreibungen von mehr als 100 Wanderwegen. Informationen und Karten bekommt man auch bei der **Federació d'Entitas Excursionistes de Catalunya**, Rambla 61, Barcelona, Tel. 9 34 12 07 77.

Wassersport

Aufgrund der idealen klimatischen Bedingungen und des leichten Seegangs bieten die meisten Küstenorte nahezu unbegrenzte Möglichkeiten. Vor allem die nördliche Costa Brava ist bei **Windsurfern** äußerst beliebt, während die felsigen Küstenabschnitte der Costa Brava und die Illes Medes bei L'Estartit als Dorado der **Taucher** und **Schnorchler** gelten.

Viele der **Segel-** und **Jachthäfen** sind mit allem erdenklichen Komfort ausgestattet. Detaillierte Informationen über die Anlegestellen erteilt die **Associació Catalana de Ports Esportius i Turistics**, Carrer Provença 385, Barcelona, Tel. 9 34 58 41 01, Fax 9 34 58 41 02.

Aktuell A bis Z

Sprache

Katalanisch ist die Muttersprache der mehr als 6 Mio. Katalanen, die zweisprachig aufwachsen und *Castellano*, also Spanisch, von klein auf in der Schule lernen. Allerdings werden sich die aus dem deutschsprachigen Raum kommenden Besucher vor Ort selten auf Katalanisch verständigen. Französischkenntnisse sind in Katalonien sehr hilfreich, und natürlich spricht und versteht man Spanisch, zu dem ein umfassender Sprachführer auf den Seiten 136–139 dieses Reiseführers zu finden ist.

Jedoch freuen sich die Katalanen, wenn man einige Ausdrücke in ihrer Muttersprache beherrscht, etwa:

Ja/Nein.	*Si/No.*
Bitte.	*Si us plau.*
Danke.	*Gràcies.*
Guten Morgen!/	
Guten Tag!	*Bon dia!*
Guten Abend!	*Bona tarde!*
Gute Nacht!	*Bona nit!*
Auf Wiedersehen!	*Adeu!*
Entschuldigen Sie!	*Perdoni!*
Wie heissen Sie?	*Com us dieu?*
Ich heisse …	*Em dic …*
Hallo, wie geht's?/	*Hola, com va?/*
Gut.	*Bé.*
Ich möchte gern …	*Voldria …*
Wie viel kostet das?	*Quant val?*
Wie komme ich nach…?	*Per anar a …?*
Ist das weit/nahe?	*Es lluny/a prop?*
Die Rechnung, bitte!	*El compte si us plau!*
offen	*obert*
geschlossen	*tancat*
teuer	*car*
billig	*barat*

Statistik

Lage: Costa Brava und Costa Daurada bilden die 580 km lange Nordostküste Spaniens. Die Costa Brava erstreckt sich von Frankreich bis Barcelona, die Costa Daurada verläuft von Barcelona bis zum Golf de Sant Jordi nahe des Ebro-Deltas.

Die folgenden Angaben beziehen sich auf die Autonome Region Katalonien:

Fläche: 31 930 km^2

Einwohner: 6,3 Mio., ca. 15 % der Gesamtbevölkerung Spaniens

Bevölkerungsdichte: ca. 188 Ew./km^2 (in Barcelona 2000 Ew./km^2)

Hauptstadt: Barcelona (1,7 Mio. Einw.)

Religion: 80 % der Bevölkerung sind römisch-katholisch.

Verwaltung: Katalonien ist eine von 17 Autonomen Regionen Spaniens und gliedert sich in die vier Provinzen Barcelona, Tarragona, Lleida und Girona.

Wirtschaft: Katalonien gehört zu den erfolgreichsten Wirtschaftsregionen Spaniens und erwirtschaftet ca. 20 % des Bruttosozialprodukts des Landes. Während die Landwirtschaft (3,8 % der Arbeitsplätze) ihre einstige große Bedeutung verloren hat, entfallen heute fast 60 % der Arbeitsplätze auf den Dienstleistungssektor, vor allem im Tourismus. 28,6 % der Beschäftigten arbeiten in der Industrie, 8 % sind im Bauwesen tätig.

Unterkunft

An den Küsten und in Barcelona herrscht ein überwältigendes Angebot an Unterkünften. Es finden sich alle Kategorien von Hotels und Pensionen, Apartements, Ferienhäusern oder Campingplätzen. Empfohlen seien die entsprechenden Verzeichnisse der spanischen Fremdenverkehrsämter bzw. der lokalen -büros. Je nach Reisezeit sollten Gäste allerdings rechtzeitig reservieren.

Camping

Die meisten Campingplätze sind März–Okt. geöffnet, einige ganzjährig. Eine Auswahl geprüfter Campingplätze bietet der jährlich erscheinende **ADAC Camping Caravaning Führer Südeuropa**, der im Buchhandel oder bei den ADAC-Geschäftsstellen auch als CD-ROM erhältlich ist.

Hostales und Pensiones

Hostales (HS), also Gasthäuser, und *Pensiones* (P) unterteilen sich jeweils in drei Kategorien von 1 bis 3 Sternen. Je nach Komfort, Lage und Saison können die Zimmerpreise innerhalb derselben Kategorie erheblich variieren.

Hotels

Die spanischen Hotels (H) werden nach Komfort und Ausstattung auf einer Ein- bis Fünf-Sterne-Skala geführt. In S'Agaro an der Costa Brava liegt mit dem

Hostal de la Gavina eines von insgesamt sechs Häusern Spaniens, die eine Klasse für sich bilden und mit **GL**, *Gran Lujo* (Großer Luxus), gekennzeichnet werden.

Jugendherbergen

Ein regionales Jugendherbergsverzeichnis verschickt auf Anfrage die **Red Espanola de Albergues Juveniles**, Calle José Ortega y Gasset 71, Madrid, Tel. 91 43 47 77 00, Fax 9 14 01 81 60. Ein Jugendherbergsausweis ist für Übernachtungen erforderlich.

Paradores

Exklusives und stimmungsvolles Ambiente bieten die meist mit drei oder vier Sternen ausgezeichneten Häuser der staatlichen Hotelkette *Paradores de España*. Je ein Haus liegt an der Costa Brava (*Parador de Turismo Aiguablava* und an der Costa Daurada (*Parador de la Zuda*, Tortosa.

Privatzimmer

Schilder mit der Aufschrift *Camas* (Betten) oder *Habitaciones* (Unterkünfte) weisen auf Privatzimmer hin.

Verkehrsmittel im Land

Bahn

Neben den Zügen der Staatsbahn RENFE fahren täglich 27 Züge der *Ferrocarrils de la Generalitat*, der Eisenbahngesellschaft der autonomen katalanischen Landesregierung, in beiden Richtungen auf den Strecken Barcelona-Girona bzw.

Girona-Portbou. Die Linien Barcelona-Tarragona-Tortosa bzw. Barcelona-Tarragona-Lleida bilden die wichtigsten Nahverkehrsstrecken der Costa Daurada.

Bus

Zwischen Girona bzw. Tarragona und den Touristenzentren an der Küste verkehren zu jeder Tages- und Nachtzeit zahlreiche Buslinien.

Fähre

Ein regelmäßiger Linienverkehr der *Cruceros Costa Brava* verbindet tagsüber zahlreiche Orte entlang dieser Küste auf dem Wasserweg. Information: Tel. 9 72 31 49 69.

Mietwagen

Internationale und kleinere nationale Autoverleiher unterhalten Vertretungen in Barcelona und auf den Flughäfen, z. B. AVIS, Internationaler Flughafen El Prat, Barcelona, Reservierungen unter Tel. 9 33 79 40 26 und 9 34 24 84 99 oder in der Stadt, Carrer Casanova, 209, Tel. 9 32 09 95 33.

Mitglieder des ADAC können über ihre Geschäftsstellen oder die ADAC-Autovermietung GmbH reservieren, Tel. 0 18 05/31 81 81 (0,12 €/Min.).

Taxi

Das Taxi ist ein vergleichsweise preisgünstiges Verkehrsmittel, das immer mit Gebührenzähler ausgerüstet ist. Es gibt viele Standplätze, Taxis können auch herangewunken werden.

Nobel residiert man im Hotel Condes de Barcelona, dem ehemaligen Ritz

Sprachführer

Das Wichtigste in Kürze

Ja/Nein	sí/no
Bitte/Danke	Por favor/Gracias
In Ordnung!/	¡Está bien!/
Einverstanden!	¡De acuerdo!
Entschuldigung!	¡Perdón!
Wie bitte?	¿Cómo dice/dices?
Ich verstehe Sie nicht.	No le entiendo.
Ich spreche nur	Hablo sólo un poco
wenig Spanisch.	de español.
Können Sie mir	¿Puede ayudarme,
bitte helfen?	por favor?
Das gefällt mir (nicht).	(No) Me gusta.
Ich möchte …	Quisiera …
Haben Sie …?	¿Tiene Usted …?
Gibt es …?	¿Hay …?
Wie viel kostet das?	¿Cuánto cuesta?
Wie teuer ist …?	¿Qué precio tiene…?
Kann ich mit Kredit-	¿Puedo pagar con la
karte bezahlen?	tarjeta de crédito?
Wieviel Uhr ist es?	¿Qué hora es?
Guten Morgen!	¡Buenos días!
Guten Tag!	¡Buenos días!/
	¡Buenas tardes!
Guten Abend!	¡Buenas tardes!
Gute Nacht!	¡Buenas noches!
Hallo! Grüß Dich!	¡Hola! ¿Qué tal?
Mein Name ist …	Me llamo …
Wie ist Ihr Name, bitte?	¿Cómo se llama
	Usted, por favor?
Wie geht es Ihnen?	¿Qué tal está usted?
Auf Wiedersehen!	¡Adiós!
Tschüs!	¡Hasta luego!
Bis bald!	¡Hasta pronto!
Bis morgen!	¡Hasta mañana!
gestern/heute/morgen	ayer/hoy/mañana

Zahlen

0	cero	19	diecinueve
1	uno	20	veinte
2	dos	21	veintiuno, -a
3	tres	22	veintidós
4	cuatro	30	treinta
5	cinco	40	cuarenta
6	seis	50	cincuenta
7	siete	60	sesenta
8	ocho	70	setenta
9	nueve	80	ochenta
10	diez	90	noventa
11	once	100	cien, ciento
12	doce	200	doscientos, -as
13	trece	1000	mil
14	catorce	2000	dos mil
15	quince	10000	diez mil
16	dieciséis	1000000	un millón
17	diecisiete	1/4	un cuarto
18	dieciocho	1/2	medio

am Vormittag/	por la mañana/
Nachmittag	por la tarde
am Abend/	por la tarde/
in der Nacht	por la noche
um 1 Uhr/2 Uhr usw.	a la una/a las dos …
um Viertel vor	a la(s) … meno(s)
(nach)…	cuarto (y cuarto)
um … Uhr 30	a la/las … y media
Minute(n)/Stunde(n)	minuto(s)/hora(s)
Tag(e)/Woche(n)	día(s)/semana(s)
Monat(e)/Jahr(e)	mes(es)/año(s)

Wochentage

Montag	lunes
Dienstag	martes
Mittwoch	miércoles
Donnerstag	jueves
Freitag	viernes
Samstag	sábado
Sonntag	domingo

Monate

Januar	enero
Februar	febrero
März	marzo
April	abril
Mai	mayo
Juni	junio
Juli	julio
August	agosto
September	septiembre
Oktober	octubre
November	noviembre
Dezember	diciembre

Maße

Kilometer	kilómetro(s)
Meter	metro(s)
Zentimeter	centímetro(s)
Kilogramm	kilogramo(s)
Pfund	medio kilo
Gramm	gramo(s)
Liter	litro(s)

Unterwegs

Nord/Süd/West/Ost	norte/sur/oeste/este
oben/unten	arriba/abajo
geöffnet/geschlossen	abierto/cerrado
geradeaus/	derecho/
links/	a la izquierda/
rechts/	a la derecha/
zurück	atrás
nah/weit	cerca/lejos
Wie weit ist das?	¿A qué distancia está?
Wo sind die	¿Dónde están los
Toiletten?	aseos?

Wo ist die (der) nächste …	¿Dónde está …
Telefonzelle/	la cabina telefónica/
Bank/Polizei/	el banco/la policía/
Post/	el correo/
Geldautomat?	el cajero automático más cerca?
Bitte, wo ist …	Por favor, ¿dónde está …
der Hauptbahnhof/	la estación central/
die U-Bahn/	la parada del metro/
der Flughafen?	el aeropuerto?
Bitte, wo finde ich …	Por favor, ¿dónde está …
eine Apotheke/	una farmacia/
eine Bäckerei/	una panadería/
Fotoartikel/	los artículos fotográficos/
ein Kaufhaus/	unos grandes almacenes/
ein Lebensmittel- geschäft/	un supermercado/
den Markt?	el mercado?
Ist das der Weg/ die Straße nach …?	¿Es este el camino/ la carretera a …?
Ich möchte mit …	Quisiera ir en …
dem Zug/dem Schiff/	tren/barco/
der Fähre/	ferry/
dem Flugzeug nach … fahren.	avión a …
Gilt dieser Preis für Hin- und Rückfahrt?	¿Es el precio de ida y vuelta?
Wie lange gilt das Ticket?	¿Hasta cuándo está válido el billete?
Wo ist das Fremdenverkehrsamt/ ein Reisebüro?	¿Dónde está la oficina de turismo/ una agencia de viaje?
Ich benötige eine Hotelunterkunft	Necesito una habita- ción en un hotel.
Wo kann ich mein Gepäck lassen?	¿Dónde puedo dejar mi equipaje?
Ich habe meinen Koffer verloren.	He perdido mi maleta.

Zoll, Polizei

Ich habe etwas (nichts) zu verzollen.	Tengo algo de (No tengo nada) que declarar.
Ich habe nur persönliche Dinge.	Tengo sólo objetos de uso personal.
Hier ist die Kaufbescheinigung.	Aquí está el recibo de compra.
Hier ist mein(e) …	Aquí está mi …
Geld/	dinero/
Pass/	pasaporte/
Personalausweis/	carnet de identidad/
Kfz-Schein/	los documentos del vehículo/
Grüne Versicherungskarte.	la Carta Verde.
Ich fahre nach … und bleibe … Tage/ Wochen	Voy a … y me quedo … días/ semanas.

Ich möchte eine Anzeige erstatten	Quisiera hacer una denuncia.
Man hat mir …	Me han robado …
Geld/die Tasche/	dinero/el bolso/
die Papiere/	los documentos/
die Schlüssel/	las llaves/
den Fotoapparat/	la cámera/
den Koffer/	la maleta/
das Fahrrad gestohlen.	la bicicleta.
Verständigen Sie bitte das Deutsche Konsulat.	Por favor, informe al Consulado Alemán.

Freizeit

Ich möchte ein …	Quisiera alquilar …
Fahrrad/	una bicicleta/
Motorrad/	una motocicleta/
Surfbrett/	una tabla de surf/
Mountainbike/	un mountain bike/
Boot/	un barco/
Pferd mieten.	un caballo.
Gibt es ein(en) …	¿Hay en la cercanía …
Freizeitpark/	un parque de atracciones/
Freibad/	una piscina pública/
Golfplatz in der Nähe?	un campo de golf?
Wo ist die (der) nächste Bademöglichkeit/ Strand?	¿Dónde hay una posibilidad de bañarse? ¿Dónde está la playa más cerca?
Wann hat … geöffnet?	¿Qué horario tiene …?

Bank, Post, Telefon

Brauchen Sie meinen Ausweis?	¿Necesita mi docu- mento de identidad?

Hinweise zur Aussprache

c	vor ›a,o,u‹ wie ›k‹, Bsp.: caja
c	vor ›e‹ und ›i‹ ähnlich dem englischen ›th‹, Bsp.: gracias
ch	wie ›tsch‹, Bsp.: leche
g	vor ›e‹ und ›i‹ wie ›ch‹, Bsp.: gente
gue, gui/que, qui	wie ›g‹ und ›k‹, also mit stummem ›u‹, Bsp.: queso
h	ist immer stumm
j	wie das deutsche ›ch‹, Bsp.: jamón
ll	zwischen Vokalen wie ›j‹, Bsp.: tortilla
ñ	wie ›nj‹, Bsp.: niño
v	wie ›b‹, Bsp.: via (im Kastilischen)
z	ähnlich dem englischen ›th‹, Bsp.: tenaz

Sprachführer

137

Wo soll ich unterschreiben?	*¿Dónde tengo que firmar?*
Ich möchte eine Telefonverbindung nach …	*Quisiera una linea telefónica con …*
Wie lautet die Vorwahl für …?	*¿Cómo es el prefijo de …?*
Wo gibt es …	*¿Dónde puedo conseguir …*
Münzen für den Fernsprecher/	*monedas/*
Telefonkarten/	*tarjetas para el teléfono/*
Briefmarken?	*sellos?*

Tankstelle

Wo ist die nächste Tankstelle?	*¿Dónde está la estación de servicio más cercana?*
Ich möchte … Liter … Super/Diesel	*Quisiera… litros de… gasolina super/diesel*
bleifrei/	*gasolina sin*
verbleit	*plomo/con plomo*
mit … Oktan.	*de … octanos.*
Volltanken, bitte!	*¡Lleno, por favor!*
Bitte prüfen Sie …	*Controle por favor …*
den Reifendruck/	*la presión de los neumáticos/*
den Ölstand/	*el nivel del aceite/*
den Wasserstand/	*el nivel del agua/*
das Wasser für die Scheibenwischanlage/	*el agua para el lavaparabrisas/*
die Batterie	*la batería.*
Würden Sie bitte …	*¿Podría …*
den Ölwechsel vornehmen/	*cambiar el aceite/*
den Radwechsel vornehmen/	*cambiar la rueda/*
die Sicherung austauschen/	*cambiar el fusible/*
die Zündkerzen erneuern/	*cambiar las bujías/*
die Zündung nachstellen/	*ajustar el encendido/*
den Wagen waschen?	*lavar el coche?*

Panne

Ich habe eine Panne.	*Tengo una avería.*
Der Motor startet nicht.	*El motor no arranca.*
Ich habe die Schlüssel im Wagen gelassen.	*Dejé las llaves en el coche.*
Ich habe kein Benzin/Diesel.	*No tengo gasolina/diesel.*
Gibt es hier in der Nähe eine Werkstatt?	*¿Hay algún taller por aquí cerca?*
Können Sie den Wagen reparieren?	*¿Puede usted reparar el coche?*
Bis wann?	*¿Para cuándo?*
Ich möchte ein Auto mieten.	*Quisiera alquilar un coche.*
Was kostet die Miete …	*¿Cuánto cuesta el alquiler…*
pro Tag/pro Woche	*¿Por día/por semana*

mit unbegrenzter km-Zahl/	*con kilometraje ilimitado/*
mit Kasko- versicherung/ Kaution?	*con seguro ›casco‹/ con depósito?*
Wo kann ich den Wagen zurückgeben?	*¿Dónde puedo devolver el coche?*

Unfall

Hilfe!	*¡Ayuda!/¡Socorro!*
Achtung!/Vorsicht!	*¡Atención!/¡Cuidado!*
Rufen Sie bitte schnell …	*Por favor, llame en seguida …*
einen Krankenwagen/	*una ambulancia/*
die Polizei/	*a la policía/*
die Feuerwehr.	*a los bomberos.*
Es war (nicht) meine Schuld.	*(No) Ha sido por mi culpa.*
Geben Sie mir bitte Ihren Namen und Ihre Adresse.	*Puede usted darme su nombre y dirección.*
Ich brauche die Angaben zu Ihrer Autoversicherung.	*Necesito los datos de su seguro.*

Krankheit

Können Sie mir einen guten Deutsch sprechenden Arzt/ Zahnarzt empfehlen?	*¿Puede recomendarme un buen médico/dentista que hable alemán?*
Wann hat er Sprechstunde?	*¿A qué hora tiene su consulta?*
Wo ist die nächste Apotheke?	*¿Dónde está la farmacia más próxima?*
Ich brauche ein Mittel gegen …	*Necesito un medicamento contra …*
Durchfall/	*la diarrea/*
Halsschmerzen/	*dolor de garganta/*
Fieber/	*la fiebre/*
Insektenstiche/	*las picaduras de insectos/*
Verstopfung/	*el constipado/*
Zahnschmerzen	*dolor de muelas.*

Im Hotel

Können Sie mir ein Hotel/eine Pension empfehlen?	*¿Podría recomendarme un hotel/ una pensión?*
Ich habe bei Ihnen ein Zimmer reserviert.	*He reservado aquí una habitación.*
Haben Sie …	*¿Tiene usted …*
ein Einzel-/	*una habitación individual/*
Doppelzimmer …	*doble …*
mit Bad/Dusche/	*con baño/ducha/*
für eine Nacht/	*para una noche/*
für eine Woche/	*para una semana/*
mit Blick aufs Meer?	*con vista al mar?*
Was kostet das Zimmer mit …	*¿Cuánto cuesta la habitación con …*
Frühstück/	*desayuno/*
Halbpension/	*media pensión/*
Vollpension?	*pensión completa?*

Wie lange gibt es Frühstück? — ¿Hasta qué hora se sirve el desayuno?

Ich möchte um … geweckt werden. — Quisiera que me despierten a la(s) …

Wie ist hier die Stromspannung? — ¿Qué voltaje tiene aquí la corriente?

Ich reise heute abend/ morgen früh ab. — Saldré esta noche/ mañana temprano.

Haben Sie ein Faxgerät/ Hotelsafe? — ¿Tiene un fax/ una caja fuerte?

Nehmen Sie Kreditkarten an? — ¿Acepta tarjetas de crédito?

Im Restaurant

Wo gibt es ein gutes Restaurant/ ein günstiges Restaurant? — ¿Dónde hay un buen restaurante/ un restaurante económico?

Die Speisekarte/ Getränkekarte, bitte. — ¡La carta/ la lista de bebidas, por favor!

Welches Gericht können Sie besonders empfehlen? — ¿Qué plato puede recommandarme particularmente?

Ich möchte das Tagesgericht/ Menü (zu …) — Quisiera el plato del día/ el menú (de…).

Ich möchte nur eine Kleinigkeit essen. — Quisiera comer poca cosa.

Haben Sie vegetarische Gerichte? — ¿Hay platos vegetarianos?

Haben Sie offenen Wein? — ¿Hay un vino de la casa?

Welche alkoholfreien Getränke haben Sie? — ¿Qué bebidas sin alcohol tiene?

Haben Sie Mineralwasser mit/ ohne Kohlensäure? — ¿Tiene agua mineral con/sin gas?

Das Steak bitte … englisch/ medium/ durchgebraten. — El bistec … casi crudo/ medio/ bien hecho, por favor.

Können Sie mir bitte … ein Messer/ eine Gabel/ einen Löffel geben? — Por favor, ¿puede darme … un cuchillo/ un tenedor/ una cuchara?

Darf man rauchen? — ¿Puedo fumar?

Die Rechnung, bitte/ Bezahlen, bitte! — ¡La cuenta, por favor!

Essen und Trinken

Abendessen — cena
Ananas — piña
Apfel — manzana
Apfelsine — naranja
Aubergine — berenjena
Banane — plátano
Bier — cerveza
Birne — pera
Braten — asado
Brot/Brötchen/ — pan/panecillo/

Toast — tostada
Butter — mantequilla
Ei — huevo
Eintopf — cocido
Eiskrem — helado
Erdbeere — fresa
Espresso — café solo
Espresso mit einem Schuss Milch — cortado
Essig — vinagre
Fisch — pescado
Flasche — botella
Fleisch — carne
Fruchtsaft — zumo
Frühstück — desayuno
Geflügel — aves
Gemüse — verdura
Glas — copa/vaso
Gurke — pepino
Hörnchen — croissant
Huhn — pollo
Hummer — bogavante
Kalbfleisch — carne de ternera
Kaninchen — conejo
Kartoffeln — patatas
Käse — queso
Kirschen — cerezas
Kokosnuss — coco
Krug/Karaffe — jarra
Lammfleisch — cordero
Meeresfrüchte — mariscos
Milch — leche
Milchkaffee — café con leche
Mineralwasser — agua mineral
Mittagessen — almuerzo
Nachspeisen — postres
Öl — aceite
Oliven — aceitunas
Orangensaft — zumo de naranja
Pampelmuse — pomelo
Pfeffer — pimienta
Pflaumen — ciruelas
Pilze — setas
Reis — arroz
Rindfleisch — carne de vaca
Salat — ensalada
Salz — sal
luftgetrockneter Schinken — jamón serrano
Schweinefleisch — carne de cerdo
Steak — bistec
Suppe — sopa
Süßigkeiten — dulces
Tee — té
Thunfisch — atún
Vorspeisen — entremeses
Wassermelone — sandía
Wein … — vino …
Weiß-/ — blanco/
Rot-/ — tinto/
Rosé-Wein — rosado
Weinschorle — tinto de verano
Weintrauben — uvas
Zucker — azúcar

Register

Register

Bildnachweis

E & B, Berlin: 61 – *Elke Homburg, München:* 8 unten, 24/25, 29, 32/33, 36, 50, 65, 76 –
Huber, Garmisch-Partenkirchen: 42 (Gräfenhain) – *Gerold Jung, Ottobrunn:* 52/53, 124 links
oben – *Hannes Kautzky, Innsbruck:* 11 oben – *laif, Köln:* 6 links, 63 (Gaultier/REA), 6/7,
37, 66, 68/69, 72, 77, 78, 79, 85, 86, 87, 124 links unten, 131 (Miquel Gonzalez),
41 (R. Celentano), 54 oben (Heiko Specht), 124 rechts unten (Anna Neumann) – *LOOK,
München:* 7 oben, 9 unten, 10 oben, 11 unten, 45, 48/49, 74/75, 82, 88, 114, 124 rechts
oben, 126 (Jürgen Richter), 9 oben (Jan Greune) – *Mauritius, Mittenwald:* 10 unten (Hu-
batka), 30 oben (Coll), 35, 55, 107 (A.G.E.), 69 (Poehlmann), 90/91 (Photo Bank), 118
(S. Pearce), 31 – *Süddeutscher Verlag/Bilderdienst, München:* 12, 13, 14 (2), 15, 20, 112 –
Klaus Thiele, Warburg: 98 oben und unten, 119 – *Martin Thomas, Aachen:* 30 unten, 38/39,
40, 47, 59, 84, 90 unten, 91, 96, 105, 109, 110, 111, 128, 135 – *Thomas P. Widmann,
Regensburg:* 8/9 oben, 16/17, 19, 21, 22, 23, 25, 26/27, 27, 28, 32, 34, 46, 51 (2), 53,
54 unten, 56, 58, 60, 64, 70, 71, 73, 80, 81, 92, 93, 94, 95, 97 (2), 98 Mitte, 101 (2), 102,
103, 104, 106, 108, 115, 117, 120/121, 122, 123, 124 Mitte rechts und links, 130, 132, 133

Reisen mit Lust und Laune.

**In der ADAC-Reiseführer-Reihe
sind erschienen:**

Ägypten
Algarve
Amsterdam
Andalusien
Australien
Bali und Lombok
Barcelona
Berlin
Bodensee
Brandenburg
Brasilien
Bretagne
Budapest
Burgund
Costa Brava und
  Costa Daurada
Côte d'Azur
Dalmatien
Dänemark
Dominikanische Republik
Dresden
Elsass
Emilia Romagna
Florenz
Florida
Französische
  Atlantikküste
Fuerteventura
Gardasee
Golf von Neapel
Gran Canaria
Hamburg
Hongkong und Macau
Ibiza und Formentera
Irland
Israel
Istrien und Kvarner Golf
Italienische Adria
Italienische Riviera
Jamaika
Kalifornien
Kanada – Der Osten
Kanada – Der Westen
Karibik
Kenia
Kreta
Kuba
Kykladen
Lanzarote
London
Madeira
Mallorca

Malta
Marokko
Mauritius
  und Rodrigues
Mecklenburg-
  Vorpommern
Mexiko
München
Neuengland
Neuseeland
New York
Norwegen
Oberbayern
Österreich
Paris
Peloponnes
Piemont, Lombardei,
  Valle d'Aosta
Portugal
Prag
Provence
Rhodos
Rom
Rügen, Hiddensee,
  Stralsund
Salzburg
Sardinien
Schleswig-Holstein
Schottland
Schweden
Schweiz
Sizilien
Spanien
St. Petersburg
Südafrika
Südengland
Südtirol
Teneriffa
Tessin
Thailand
Toskana
Tunesien
Türkei-Südküste
Türkei-Westküste
Umbrien
Ungarn
USA-Südstaaten
USA-Südwest
Venedig
Venetien und Friaul
Wien
Zypern

Weitere Titel in Vorbereitung

Impressum

Umschlag-Vorderseite: Malerisch liegen
Burg und Altstadt von Tossa de Mar auf
einer ins Meer hinausragenden Halbinsel
Foto: Huber/Gräfenhain, Garmisch-Partenkirchen

Titelseite: Die Castelleres bei der Fiesta
Major de la Merce in Barcelona verlassen
sich aufeinander
Foto: Martin Thomas, Aachen

Abbildungen: siehe Bildnachweis S. 142

Lektorat und Bildredaktion:
Elisabeth Schnurrer, Augsburg
Gestaltung: Norbert Dinkel, München
Layout, Reproduktion und Satz:
Michael Feuerer/Buch-Werkstatt GmbH,
Bad Aibling
Karten: Computerkartographie Carrle,
München
Druck und Bindung: Passavia Druckservice
GmbH, Passau

Printed in Germany

ISBN 3-87003-866-7

Gedruckt auf chlorfrei gebleichtem Papier

3. neu bearbeitete Auflage 2003
© ADAC Verlag GmbH, München
© der abgebildeten Werke von Salvador Dalí
und Joan Miró bei VG Bild-Kunst, Bonn 2003

Redaktion ADAC-Reiseführer:
ADAC Verlag GmbH, 81365 München,
E-Mail: verlag@adac.de